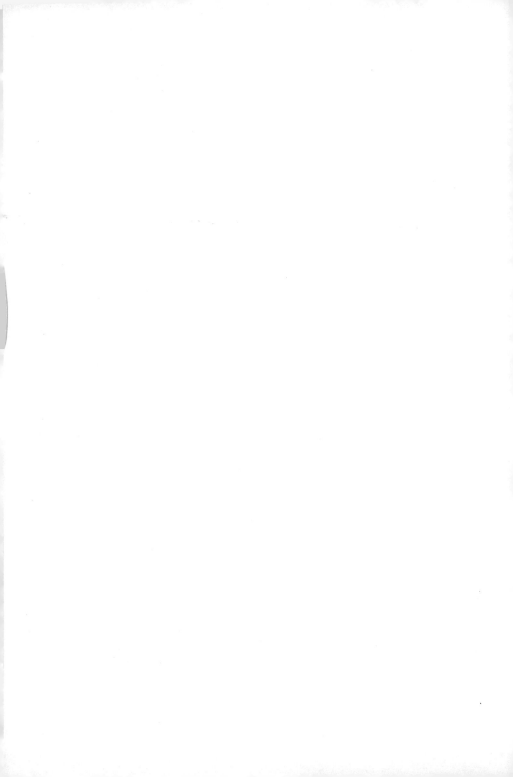

非常律師的
非常選擇

曹祐誠 —— 著　樓艾苓　譯

特別聲明

本書登場人物所使用的姓名皆為假名，年齡、職業與案例內容皆已修改。除了經過事件主角同意分享的故事外，其餘皆由實際事件為基本雛型改編而成。此外，書中法律條文和法律名詞皆援引韓國法律現況。

〈序〉

該面對就面對、該退讓就退讓

「羅馬人贏得了無數場戰爭，卻在勝利後選擇退讓。重點在於，尚未獲勝前即讓步的話，就不能建立秩序。」

——節錄自《羅馬人的故事》，作者塩野七生

這是我和委託人談話時，經常引用的句子。面對即使對方來意不善，卻總是選擇適當迴避問題癥結的委託人，我不得不給予這樣的建議。因爲要是繼續使用一貫的方式應付，問題只會變得更加複雜。我提倡該面對的時候面對、該退讓的時候退讓，本書中，在探索「工作與選擇」的人生大哉問上，我將爲大家深入描述這種智慧。

由於人世間突如其來的難題和惡意，我們會不斷受到傷害。若無法避免這類情況，就只好接受並想辦法機智地克服。我認爲要用這種智慧去尋找黃金比例。不能將對手逼入絕境，因爲在獲勝的那一瞬間或許會感到快樂，但之後反而會對此心生反感，久久無法平息。所以，在對手的刁難和世界的敵意之中，守護自我最美好的智慧便是把對方的立場納入考量、找到自己也能滿足的黃金比例。

想找到黃金比例，就得了解整體情況，敏銳地去感受對立方的情緒，並慎重思考。必須超越只看到的表象，進展到能洞察核心本質的觀察，以及提出最佳解決方案的診斷階段。本書的故事案例記錄了這些努力散發光芒的時刻。

職場上碰到的眾多紛爭對我來說就像修道場，在其中遇見了人生的前輩，我一邊感嘆一邊效法他們的智慧，在這樣的學習過程中找到長久以來尋找的答案，這本書就是我在過程中找到的或大或小答案的結晶。

最後，我想將這本書獻給面對僅有一絲絲可能性也絞盡腦汁尋找解決方法、曾和我看著判決結果一起哭一起笑的委託人們。今後艱難的修練仍會持續，但我相信我能從中獲得更多領悟，並持續前進。因爲喜悅和悲傷會交替到來，有勝必有敗、有成功也必然會有挫折。眞心希望讀者能將這些理所當然卻又令人心寒的人生眞理銘記在心，並與我一同成長。

曾祐誠

目錄

站在懸崖邊的人最需要的支持

「律師，春節前很忙吧？能給我三十分鐘嗎？
我想跟你討論一件事。」

來電的人是朴大協，這位朋友這次又會帶來什麼莫名其妙的提案呢？我在開啓律師生涯約第三年左右，經人介紹與他相識。他在香港創立的IT企業被美國的基金管理公司收購，賺了一大筆錢，之後便以這筆錢爲基礎，往返香港與韓國兩地，發展多項事業。爲人和善的他雖與我同年，卻是個傑出的成功企業家，還與貌美的職業女性結婚，過著人人稱羨的生活。

我受大協的委託，研究過許多不同性質的合約書，並提供相關諮詢服務。或許是老天爺嫉妒他的成功？大協野心勃勃進行的大投資案卻以失敗收場，他失去了過去所累積的全部財產，一夜之間負債累累。我瞬間體會到老一輩的人所說：「經商是很可怕的。」他突然從備受尊敬的年輕企業家，變成了失敗的泡沫投資者。

不過他在這種狀況下也沒有氣餒，甚至對前來催討債務的債權人花言巧語地說：「我要成功，才能還清欠你們的債務不是嗎？所以別威嚇我，要幫我加油啊，加油！」還向對方索取車馬費。只有在和我見面時，才坦白吐露內心的想法：

「我妻子比較辛苦，她名下七張信用卡中，有六張被我拿來塡補債務。曾經風風光光的朴大協，現在卻是這副鬼樣子？只要給我一次翻盤的機會就行了……」

大協沒有放棄，爲了找尋新的商機不斷東奔西走。

有句話說「在天空翱翔過的人即使陷入泥沼，視線仍會看向天空。」大協便是如此。雖然從小地方開始累積，也能一步一步建立東山再起的基礎，他卻認爲不到一百億韓元的交易微不足道，乾脆不予理會。由於他渴望一次就能翻盤，所以前來諮詢的委託多半是不合理或高風險的項目，不知不覺就這樣白費了兩年，難以想像他是如何背負著巨額債務度過每一天。

究竟這次他又會帶來什麼樣的消息呢？

大協和我在會議室碰面，一臉自信地說：

「祐誠，你先撇開偏見、好好聽聽我接下來要說的事情。你聽過尼古拉二世嗎？俄羅斯的末代皇帝，十月革命時全家慘遭殺害，親戚和眾臣紛紛盜走了他所留下的鉅額黃金和寶物。」

我努力控制自己的表情。

「秘密轉移鉅額黃金和寶物的過程該有多辛苦？肯定動員了許多人力，並期待著總有一天能重建王國，所以說……」

貌似害怕隔牆有耳，大協環顧四周後，向我招了招手。我努力保持誠懇的態度，把身體往大協的方向靠近，他壓低聲音悄悄地對我說：

「你知道尼古拉二世的黃金和寶物在哪裡嗎？其實分散在蒙古各地，埋藏在很難找到的地方。我在偶然的機會下，遇見了擁有藏寶圖資訊的情報員，我上週和他去了趟蒙古，親自確認了地圖的存在。」

尼古拉二世的寶藏？這不就跟前次的鄧小平的秘密資金計畫半斤八兩嗎？當時

已經夠丟人現眼了，他卻沒有學到教訓，眞令人遺憾。

「我知道這聽起來很荒唐，但海外新聞曾出現加拿大企業在蒙古發現黃金的報導，說是找到尼古拉二世留下的部分財寶。我們手上的藏寶圖標示著三個尚未被人開發的區域，只要從蒙古政府那裡取得開採權，我們就勝券在握。只是初期有一些這樣那樣的花費，所以我想用經營權爲依據，吸引一些投資者，我需要你幫忙撰寫合約書，才會過來找你。」

居然想靠如此離譜的事業對外募資？若是被當成投資詐騙起訴該怎麼辦？我腦海裡本能的響起了警訊——這絕對行不通。

我苦惱著該怎麼說服大協，只好請他等我一下，快速搜尋了新聞報導。關鍵詞是：「礦山」「投資」「詐騙」「拘留」。不知是否能說是萬幸，搜尋到不少與他說法類似的投資詐騙構成刑事案件的例子。

「大協，你先仔細讀過這些報導吧。」

在閱讀報導的過程中，大協的表情逐漸沉了下來。

「我一般都會與你站在同一陣線，但這次眞的不妥。若是我眼睜睜的看著你正要跳入火坑，卻在一旁袖手旁觀，就太不夠朋友了。」

大協一句話也沒說。

「弟妹不是懷孕了嗎？你現在更不適合做冒險的事情，也許我這樣說有點僭越，但別人大概不會直接告訴你？根本不會管你的安危，只要能賺到錢就好，想方設法從你身上獲得紅利，但萬一發生什麼事，就只有你一人遭殃。」

大協不好意思的笑了。

「我也知道很冒險，但也有可能挖到寶物啊。」

「尼古拉二世的寶物已經被埋藏一百多年，爲什麼偏偏會落到你手裡？難道你眞的認爲這是老天賜予的幸運嗎？這種運氣大可讓給別人。」

由於我強烈反對，大協也露出了無可奈何的表情。此時大協接到電話，他說要講完電話再回來，便離開了會議室。我暫時回到辦公室平復心情，潑了興致高昂的好朋友一頭冷水，我有些過意不去，胸口悶悶的。我坐到辦公桌前，敲著電腦鍵盤寫了一封信。

致我親愛的朋友

我仍忘不了第一次見到你的模樣
在香港突破重重困境的故事
對我來說是很棒的典範
現在的你多少有些辛苦與孤獨
但我相信你
一定能夠像從前
不，能夠比從前更加帥氣的東山再起
希望你不會失去勇氣

無論何時都相信你的朋友，祐誠

儘管稍嫌幼稚，卻是我的眞心實意。我把這封信印出來放進信封，並把幾天前委託人贈送的新年禮物——五張禮券一起放了進去。我送大協去搭電梯時，將信封遞給他。

「嗯？這是什麼？」

「新年嘛，買個禮物給弟妹，顧一下身爲老公的面子。」

「幹嘛還給我這種東西？」

大協有些尷尬，他總是贈予的角色，突然收到禮物顯然不太習慣。那天之後，我便沒有再聽他提起關於蒙古寶物的事情。

這之後，大約六至七個月的時間裡，大協的生活有了戲劇性變化。以前欠過他人情的後輩向他介紹了不錯的 M&A（併購案），他充分發揮了自己的能力，漂亮地完成了交易，並且接連完成二至三個 M&A 案，在短時間內奠定了東山再起的基礎。人才果然就是人才，我從報紙上看到大協活躍的表現，感到非常欣慰。

那年的中秋節前夜，大協久違的捎來電話，用醉醺醺的聲音要我立刻到事務所門口和他碰面。

「喂！好久不見了！不好意思，前段時間都沒能跟你聯絡。」

大協拍了拍我的肩膀，邀請我一起去散個步。

「我有件事情想要向你道謝。不過呢，我還是想裝模作樣的先跟你打個招呼，所以忍住了。你很好奇我想說什麼吧？」

帶著蒙古寶物的提案來找我的時候，大協的妻子其實向他提出了離婚。問題不僅在於經濟困難，而是大協不斷尋找著不合常理的賺錢方法，令她感到疲憊不堪。因爲這個理由，大協更是焦躁得爲了找到一舉成功的好機會而四處奔波。

那天和我見面之後，大協回到家便把我贈予的信和禮券交給妻子，她讀完那封信，沉默了好一陣子，然後邊哭邊說：「連你的朋友都對你如此信任，我卻……身爲家人的我卻……對不起。」

之後，大協說他將我寫的信貼在自己的電腦旁邊，好讓妻子也能時常看到。

「那封信至今仍貼在同一個位置。所以說，每當我喝了酒、晚歸時，都會拿你的名字出來擋，你對我妻子來說就像銀行本票一樣，哈哈哈，謝謝你。」

接著，他把一個白色信封塞進了我口袋。

「帶妻子跟孩子們去買點好吃的，剩下的就當私房錢吧！這就是我的謝意，你懂吧？中秋節快樂！」

哇，沒想到用電腦列印的信件居然起了這麼大的作用。我數了一下信封內的現金，嚇了一大跳，領悟到「食人一口、還人一斗」原來是這個意思。

大協同時經營多個事業後，再次去了香港。雖然無法像以往那樣經常聯繫，但是每當我快要忘記這個人的時候，他又會冷不防地打電話來胡扯幾句。

有人說過這樣的話：「原諒難以原諒的人，才是眞正的原諒」。而信任也一樣，相信難以相信的人才是眞正的信任。一心尋找成功機會的大協沒能獲得妻子的信任，導致他的妻子動了離婚這樣極端的念頭。

但在看到我對大協無條件的信任後，大協的妻子開始反省，並選擇再一次相信自己的丈夫，而這份信任成爲了大協東山再起的強大動力。

「我相信你。」

我寫在信中的一句話帶來了蝴蝶效應，現在想起來也是一件令人驚訝又感謝的事情。越是因爲自己的幾次失誤耗盡信任值的人，越會掙扎著想要找到一次就能翻盤的大好機會，但這樣焦躁的行爲只會釀成更大的失誤。

凝視焦躁者的雙眼，低聲地說：

「我相信你，別忘記你是很珍貴的人。」這句話能帶給當事者多大的力量，有機會時，請各位也體驗看看。

知識與協商能挽救乙方

「那位戴眼鏡的警衛先生，原來之前是國文老師啊？難怪看起來很有教養。」

透過母親得知，我們公寓的警衛宋先生以前是高中國文老師，對於一大早就出門上班，深夜才回家的我來說，和宋警衛不過是對到眼會打招呼的關係。

有一天，我母親抓住剛下班的我，讓我坐下來聽她說了警衛宋大叔的故事。宋大叔的妻子很早就過世，一個人扶養唯一的兒子長大，兒子在一家還不錯的公司上班，而且剛結婚不久。

「聽說他兒子遇上了令人頭痛的法律問題。宋先生很以他兒子爲傲，對我和你爸都很親切，最近這種人不多見了。你能不能抽點時間，聽聽看他們究竟遇到什麼事？」因爲這樣，我見到了宋警衛的兒子——宋永樂。

「我從父親那裡聽說，於是就來拜訪您了。我打聽過幾個地方，卻都沒有好的解決辦法，現在心情非常鬱悶。」

宋永樂（三十二歲）是一家製造、銷售鋁架及板材的中小企業H公司營業部的科長，由於近年景氣低迷，營建業也陷入困境，去年起宋科長的業績表現差強人意，而且公司內部開始流傳將進行人事整頓。宋科長爲了創造業績，十分迫切地想達成一筆大交易。就在這個時候，宋科長的大學學長出於好意，幫他引薦了中堅企業I公司。I公司是業界排名第二的企業，只要宋科長能完成這筆交易，就能一舉挽回去年和今年業績不振的窘境。於是宋科長和I公司負責採購的韓部長見了面，發現韓部長是位個性豪爽的人。

「太好了，我們公司計畫明年要新建工廠，只要經驗和條件符合我們的需求，就不用擔心無法成交，我們好好配合看看吧。」

打從第一次見面開始，韓部長就很親切，並透露以後也許能夠合作大筆交易的訊息。如果H公司能爲I公司新建的工廠提供建材，H公司的銷售額便可提升十億韓元左右，這就好比是向掛在懸崖邊的宋科長伸出救命稻草。

這之後，宋科長放棄開發其他客戶，僅將精力集中在與Ｉ公司的交易上。韓部長一有需要，宋科長便隨傳隨到，他因應韓部長的要求提交產品規格並多次舉辦說明會，當韓部長詢問能否按照自己要求製作樣品時，宋科長以很快就能和Ｉ公司談成大筆生意爲由，說服了開發組，在沒有收取任何費用的情況下送出製作好的樣品。此外，韓部長非常喜歡喝酒，晚餐時經常把宋科長叫出來一起喝酒，並讓他支付全部的酒席費用。

有一天，宋科長一如往常的接到韓部長的召喚，那天韓部長的表情卻與平常不同。

「宋科長，這該怎麼辦？我差不多都接洽好了，上級卻突然改變心意，這次的建案恐怕無法使用你們公司的產品了。」

宋科長臉上的血色瞬間消失了，這是什麼晴天霹靂？宋科長不斷向公司呈報與Ｉ公司的合作進度，甚至已經提出不久後就能聽到好消息的報告。

「韓部長，這樣會害我出大事的，這段時間不是都沒有問題嗎？」

宋科長焦急地追問韓部長，對方卻不當一回事，十分敷衍地說：

「不是，我們也沒有正式簽約啊。我也很想好好努力，但在公司裡難免有不盡如人意的時候。這事有點複雜，下次還有機會我一定先找你，這次就沒辦法了，請宋科長理解一下。」

耗費三個月心血開發的交易就這樣被推翻。我聽完故事後，雖然理解宋科長的處境很淒慘，卻對於該如何解決這個問題沒有好點子。我想進一步了解詳情，於是再問宋科長：

「韓部長爲什麼突然改變主意？」

「我透過各種管道調查了一下，發現韓部長腳踏兩條船。別家公司好像投下了更大的賭注，平時他也會向我使眼色，大概在期待著什麼……但我認爲那是我無法承諾的要求，所以就裝作不知道。」

「首先，您之前接收到的法律諮詢都說了什麼？」

「我見過兩位律師，他們的說法都差不多——由於我司和 I 公司並沒有簽約，所以不足以構成違反合約案件。況且韓部長也沒有詐欺或威脅，因此很難追究損害賠償責任，據說這是一起很難追究法律責任的『絕妙死角』案件。」

宋科長嘆了一口氣。

「對我來說，我一直用樂觀的態度向公司回報與 I 公司的合作進展，事情變調至此讓我非常難堪。我怕我會因爲這件事被公司追究責任，有可能會被迫離職。最近公司的氣氛眞的很不好，是否該再進一步說服 I 公司，哪怕只能負責一半的貨物也好。」

手握刀柄的韓部長早已心猿意馬，如同其他律師所說，宋科長很難在法律上針對這件事情對 I 公司究責，這是典型的「甲方作風」。我告訴宋科長，我需要幾天思考，便和他道別。

我整理了一下情況：宋科長希望和 I 公司進行交易，因此不能和 I 公司完全對立。如何與掌握了採購相關決定權的韓部長維持關係更是關鍵，由於對方已經決定向其他公司下訂單，所以若是草率的攻擊，他們也許會對宋科長的話嗤之以鼻。

必須找到既能施加壓力又不完全屈服的方法，因此情況就更加棘手了。

我翻閱了判例集和協商書，努力找尋適用本案的先例，找著找著發現了一個「漏洞」。「啊，可以這樣做嗎？」說實話，雖然不是很有信心，當下並不是能挑三揀四的情況，於是我立刻著手撰寫了存證信函，並通知宋科長。在花了兩個小時讓他了解我準備好的作戰計畫後，將書面資料交到他手中。

「宋科長，暫時只能找到這個方法了，讓我們闖一次看看吧。」

「我能好好表現嗎？」

我拍了拍宋科長的肩膀為他打氣，就像準備送選手上競技場的教練一樣。

宋科長沒有事先聯絡，就突然拜訪了韓部長。

「韓部長，很抱歉突然就來找您。」

以往熱情招呼的韓部長，當下臉上流露出不悅的神情。

「宋科長，還以為你是善解人意之人……我又不是故意的，我不是說過這次比較困難，下次再一起合作嗎？」

「是，部長。我充分理解您的立場，但我其實已經多次向公司上級報告，與

I公司合作的可能性很高，都是我多嘴造成的失誤。上次您說這次無法和我們進行交易，我便如實稟告，結果監事說這樣單方面推翻的狀態有問題，必須採取法律措施。」

「什麼？法律措施？合約都還沒簽，要採取什麼法律措施？」

「就是說啊，我其實不太懂法律，但聽說根據最高法院的判例，即使沒簽約，在合約協商的過程中，單方面破壞合作關係的話，也得承擔賠償責任？監事是這樣和我說的。」

韓部長的臉逐漸漲紅。

「我告訴監事：『韓部長再怎麼說也是爲我們付出許多努力的人，不能這樣對待他，以後兩家公司也還要繼續合作。』不過監事表明公司的事情不能草率處理，聽說大概後天就會向I公司的代表理事寄出存證信函……事情已經一發不可收拾。」

「什麼？存證信函？」

韓部長瞪大了眼睛。

「因爲沒辦法改變監事的想法，所以我很擔心。我剛剛才收到監事撰寫的草案，要給您看一下嗎？」

宋科長把我撰寫的存證信函草案交給韓部長。

收件者：I公司代表理事〇〇〇
寄送者：H公司代表理事〇〇〇
主旨：單方面中斷合約協商之損害賠償請求

願貴司鴻圖大展。

1. 近三個月來，我司銷售負責人與貴司採購負責人就簽訂鋁架和板材供應及安裝工程合約認真進行協商。我司銷售負責人因應貴司採購負責人的要求，曾多次進行產品規格報告以及樣品製作。

2. 貴司採購負責人卻於上個月十日左右，在沒有正當理由的情況下，單方面中斷了合約協商。

3. 貴司與我司至今尚未簽訂具體合約，但根據大韓民國最高法院的判例（99D40418判決），若在合約交涉階段，給予對方能順利簽訂合約的期待，卻在沒有正當理由的情況下拒絕簽約，是違反合約自由原則的違法行為，可將其視為犯罪行為。對此，我司正準備以貴司採購負責人的不法行為為由，提出損害賠償請求，為保全我司權益，計畫對貴司的房地產或銷售債券聲請假扣押。

4. 我司認為有必要在採取法律措施之前，事先向貴司說明以上情況。我方對於需要發出這樣的通知深表遺憾。

以上。

二〇一八年六月二十日

H公司代表理事〇〇〇

韓部長盯著手中的資料看了半天，閉上眼睛、陷入了沉思。他曾自豪地說預計今年年底就能升官，但這份資料足以讓他的晉升計畫落空。

「啊……宋科長，怎麼會這樣……」

「部長，我已經盡力阻止，但我們公司的監事……」

韓部長苦惱了很久，好不容易才接著說下去：

「好，那麼這樣如何？因爲已經和其他企業談妥，所以無法全部轉移……我會試著把部分貨量分配給 H 公司，四億元左右的貨量如何？」

「如果可以的話，我當然很感謝，不過部長不會很爲難嗎？」

「絕對不能讓我司知道這份文件的內容。這個數目的話，能夠阻止存證信函的發送嗎？」

「好，部長如此費心……不管用什麼方法，我一定會阻止公司寄出存證信函。」

最終，H 公司和 I 公司簽訂了規模爲四億韓元的合約，雖然沒能達到最初期待的十億韓元，但畢竟開啓了新的交易窗口，宋科長在公司獲得了好評；我也因爲這件事情，被我母親和宋警衛加了不少分數。

能夠順利解決宋科長困境的主因有兩個：最高法院針對在合約交涉階段，遭遇不當中斷協商也能要求損害賠償的判例（99D40418判決）提供了關鍵性的幫助；另外，我使用了協商論中的戰術：「好人與壞人」，也就是讓宋科長扮演好人、監事扮演壞人的角色，適當的給予對方壓力，進而獲得想要的結果。

在生活中遇到委屈時，我們會感到憤怒或挫折，想著：「我果然是占下風的乙方」「甲方固執起來，誰都招架不住」不免因而感嘆自己沒有能力，對惡劣的環境感到絕望。

不過經驗豐富的高手在這種情況下，並不會浪費時間消耗情感。**該怎麼做才能有效解決問題？**他們會集中精神去找尋解決辦法。**耍脾氣沒有用、強詞奪理也行不通，我們需要更成熟的處理方法，「知識就是力量」並不單是書上的一句話而已。**

宋科長之所以能夠化解這次危機，便是因爲善用了法律知識和協商戰術，要是沒能掌握好以上兩點，宋科長就會因爲韓部長的變卦而失去工作，進而累積更多對世界的埋怨。別認爲身爲乙方就必須無條件忍讓，乙方也能夠成爲甲方，「擁有知識的乙方」便是甲方。

催回欠款
最戲劇化的方式

叮咚！螢幕跳出了一封Facebook的訊息通知，卻是來自陌生的名字。

「我很久以前就開始關注曺律師的文章。我是以企業爲對象進行革新營銷相關講座的講師，最近遇到一些令人苦惱的事，想向您尋求諮詢。」

光是透過訊息對話很花時間，於是我立刻請他撥通電話給我。

金聖佑（四十歲）自前一份工作離職後，就以個人講師的身分接案。雖然不用遷就於組織、可以自由活動的個人講師貌似很帥氣的工作，但其實謀生並不容易。個人講師可以直接從需要職員訓練的企業接受邀請，不過更普遍的方式是由仲介公司先行聽取企業的需求，再依不同要求邀請講師，提供配套服務。

聖佑在三個月前接到P仲介的邀請，以「組織革新和領導能力」爲主題，向國內首屈一指的大企業員工進行了爲期五天、每天八小時，包含講座和研討會，總共四十小時的教育課程。P仲介口頭提出了每小時十五萬、一共六百萬韓元的講師費，這樣的金額算是很優渥的條件。

聖佑也爲了本次教育課程，聘請助理講師來幫忙，並決定從自己的講師費中扣除一百萬韓元給助理講師們。雖然他也希望能將所有費用納入口袋，但爲了提高課程品質，別無他法。

聖佑的月平均收入大約爲兩百萬韓元，根據案件多寡而浮動，由於較晚婚，還沒有孩子讓他們夫妻非常苦惱。很幸運地去年妻子成功懷孕，且臨盆日期將近。由於沒有長輩能幫忙坐月子，只能求助月子中心，兩週的費用約爲兩百五十萬韓元，雖然有更便宜的，但聖佑想讓妻子得到更好的產後調理，只得努力開源。此時接到S公司的職訓委託，扣除助理講師費還能賺取五百萬元，令他寬心不少。手頭緊的人計算總是過於精準，在齒輪般精密的計畫中，若稍有不慎，便會陷入難堪的窘境。

「雖然我喜歡教課，但接連五天、一天八小時不間斷的說話也會精疲力盡，不過這次是抱著愉悅的心情進行講課，事後評價也在滿分五分裡獲得了四．七分。身為講師能獲得這麼高的評價讓我很有成就感，但仲介公司至今尚未支付講師費。」

S公司在業界以快速支付教育費用聞名，因此P仲介不可能還沒收到S公司的款項。職訓課程結束後，聖佑並未收到任何來自P仲介的消息，等待兩週後，他小心翼翼地向P仲介要求支付講師費。

「我們正在進行結算，請稍等一下。」

負責人只有這個回答。於是聖佑只好自掏腰包先給助理講師們一百萬元酬勞，這是因為他比任何人都清楚他們的處境。

儘管一直提起錢的事情也讓聖佑感到自尊心受損，但一碼歸一碼，猶豫過後，他決定直接打電話給P仲介的代表。P仲介的金代表同樣給了簡短的回答：「請稍等一下，我們已經在進行結算。」

對方照舊推拖。聖佑從後輩那兒得知P仲介近來資金周轉不靈，去年開始就頻繁發生拖欠講師費的事件。不安的聖佑顧不了面子，再次打電話給金代表，對方卻再也不接電話了。他接著聯絡了P仲介負責人，對方回答：「這件事由金代表全權負責，請直接聯絡代表本人。」推卸了責任。懷著鬱悶的心情，他親自走了一趟P仲介，卻發現大門深鎖。

聖佑腦袋一片空白。百般打聽後發現，P仲介又承包了其他公司的教育訓練，正常的進行著仲介事業。感受到對方的刻意迴避，聖佑認爲再繼續下去很有可能拿不到錢，於是找了認識的律師尋求法律協助。在已簽訂合約下，要向P仲介請求支付六百萬的講師費並非難事，所以律師們擬定了兩種方案：

第一種，以P仲介爲對象提出民事訴訟。不過由於正式訴訟將耗費許多時間及費用，建議採用迅速、簡單的督促程序——命令支付的方式進行。聲請支付命令後，對方若未提出異議，就能以此定案，這個方式大概需要三週至一個月的時間。若對方提出異議，就會轉成正式訴訟，需要追加費用及時間。即使對方不提出異議，萬一對方堅持不支付講師費，就得透過判決書強制執行，這個過程也需要耗費額外的時間與費用。若是採用這個方法，該律師提出的費用為一百五十萬韓元（印花稅、強制執行費另計）。

第二種，以P仲介的金代表為對象提出刑事訴訟。若是打從一開始就不打算支付講師費，卻讓聖佑負責授課，便觸犯了刑法上的詐欺罪。但詐欺罪成立的前提是，必須證明「P仲介從一開始就打算不付錢」。

不過近來警政單位透露的訊息是希望透過民事程序解決民事問題，不樂見與刑事案件「捆綁」，所以要是起訴書寫的方向不對，會直接不予受理。在這樣的狀況下，正確撰寫起訴書最為重要，在協助撰寫起訴書和處理刑事程序方面，該律師所開出的費用為三百萬韓元。這名律師認為，只要提起刑事訴訟，問題便能快速得到處理。

「無論選擇從民事或刑事方面下手，對我來說都是龐大的負擔，於是我選擇優先進行聽起來效果更為強烈的刑事程序。不過還是有些擔心，只好冒昧前來詢問曾律師。」

了解整體情況後，對方企業要不是眞的經營困難，就是想盡可能延後發放款項而要了小聰明。

我向聖佑提問：

「你以後還想和 P 仲介合作嗎？」

「不了，經過這次事件，我認爲他們不是適合繼續合作的公司。」

既然不想再和 P 仲介維持合作關係，那稍微強勢一些也無妨。對聖佑來說，P 仲介也許是甲方，但對合作企業來說，P 仲介不也處於乙方的位置嗎？於是我動了點腦筋。

「我會簡單寫下一段訊息傳送給你，請把這些內容傳送到 P 仲介金代表的電子信箱、簡訊和通訊軟體。」

「那個人不會接我的電話或是看其他聯繫方式的訊息。」

「試一次吧，看看結果如何。」

我寫好並透過 Facebook 傳送給他的訊息如下：

金代表啓

您近來好像很忙碌，所以只好以這種方式聯絡您。抱歉總是因為S公司的教育訓練課程費用打擾您，我也是急需用錢才迫不得已。

不過仔細想想，金代表若是已經從S公司那裡收到款項，不可能拖欠著不給我，所以我明白了問題的癥結在S公司，您要承受S公司的甲方作風一定很辛苦吧？

我調查了一下，S公司裡有負責監視各部門行為的倫理經營組。我會向S公司的倫理經營組投訴，告訴他們自己公司的教育組有多麼狐假虎威，致使中小型仲介公司面臨了何種困難，並且造成像我這樣的個人講師也連帶被拖累。這是大企業的部門應該做的事情嗎？也許接到投訴之後，S公司會好好的教訓他們的教育部門吧。

容我代替您處理這件事，請耐心等候，不好意思這段時間一直催促您。祝您身體健康。

聖佑把這段文字分別傳送至金代表的電子信箱、手機簡訊及通訊軟體，距離送出訊息過了正好三十分鐘後，他收到了金代表的簡訊回覆。

「我們對彼此好像有些誤會，我最近忙於處理新的案子，所以沒能回覆訊息，對不起。請把帳號告訴我，我會立刻處理。」

傳送帳號後，六百萬元立刻入帳。經歷了三個月的煎熬，問題居然就這樣迎刃而解了，讓聖佑感到無語。

P仲介的金代表今後也想和S公司維持合作關係，如果S公司接到聖佑的投訴，那他與S公司的交易肯定會化爲泡沫。因爲觸碰到了金代表最重視的部分，所以問題自然得到了解決。

我接到聖佑打來的電話，他小心翼翼地詢問：

「曺律師，眞的很感謝您。我想給您謝禮，請告訴我該怎麼做才好？」

啊，這個問題眞難回答。講了五分鐘的電話、花了十分鐘寫訊息，這個案件若要計算費用也不是很恰當，於是我回答：

「沒關係，我也算是做了一件善事。」

「不，不給謝禮實在有違常理，請告訴我該怎麼做比較好。」

我左思右想，最後提出了建議：

「您是從事行銷和革新營銷相關課程的講師對吧，那麼你來我擔任顧問的公司授課如何？一堂約兩個小時的課程就好。我也得管理我所擔任顧問的公司，你若能替職員們上課，我會很有面子，如果他們滿意你的課程，以後也許就能以收費課程的方式繼續合作。」

「好的，這種方式我當然沒問題，不只是兩個小時、四個小時的課程也行。」

我心想：太好了。還能爲我目前擔任顧問的公司送上帥氣的禮物，簡直一舉兩得。同時，眞心希望這件事也能讓P仲介的金代表有新的體會。

關係是相對應的，儘管在某些關係中占了上風，但在別的關係裡，情況也許會有所不同。若是無法了解這種循環法則，唯獨對弱者苛刻，在哪天更強的人出現時，這種人便會受到嚴厲的打擊。

《菜根譚》有句話說：「鷹立如睡，虎行似病。」意思是：「老鷹站立的姿勢就像打瞌睡，老虎行走的方式就像生了病。」告訴世人要**隱藏起自己強大的力量，無論何時都得注意，用低調的姿態應對。真正的高手絕對不會在弱者面前虛張聲勢或逞凶鬥狠。**

強勢的甲方合約改不得？

「我們公司簽訂類似合約的經驗已有五年多，一次都沒被修改過，也沒人提過異議……」負責人一貫強勢霸道的態度說道。

G公司擁有在首爾等韓國五大城市主要據點設置大型廣告看板的營運權，為了選擇首爾市的廣告看板負責公司，進行了招標。多家企業皆參與投標，經過資料審核與簡報後，最終由D企畫公司中選，這對於D企畫來說，等同是抓住了提升企業地位的大好機會。

G公司向D企畫提出了業務委託合約書草案，D企畫檢視草案後發現，如同他們預想，合約書草案內容充滿了「甲方強勢霸道的態度」，不僅預計徵收超額違約金，後續合約延長與否的決定權也由G公司全權掌握，並將D企畫細微的合約履行延遲也定爲影響解約的事項，D企畫大約發現了五項暗黑條款。

D企畫的法務負責人崔河貞科長和顧問律師商討後，針對合約書擬定了修改意見書，並回傳給G公司。G公司的合約負責人朴宏植次長在接到D企畫的意見後，立刻召喚了崔科長。

「你們不想簽約了嗎？你以爲得標就能無條件完成簽約嗎？合約要是和我們要求的條件不相符，那就只能棄標，重新再選了。」

朴次長語氣不耐地繼續對提出合約癥結點的崔科長說：

「目前爲止和我們公司談簽約的廠商，像這樣對合約內容品頭論足的，貴公司還是首例。我眞的無言以對……如果不滿意簽約條件的話，不簽約不就行了？」

崔科長因感受到毀約的危機而匍匐在地：

「次長對不起，我們沒有簽過這麼大型的合約，有失禮的地方還請見諒。」

不過若是按照合約草案簽訂，D企畫就如同背負著炸彈行走般，稍有不愼便會陷入「勝者的詛咒」，要是D企畫簽下合約，爲了履行合約內容，至少必須加碼進行五億韓元以上的新投資。根據合約草案，G公司幾乎是被賦予了完全的權力，因此D企畫的權限極可能得不到保障。當他小心翼翼點出這部分內容時，朴次長嗤之以鼻地回應：

「請看，我們公司簽訂類似合約的經驗已有五年多，一次都沒有被修改過合約內容，也沒有任何人提出過異議。那我們爲何要只針對D企畫改變合約內容呢？按照這個合約進行便是我們公司的方針。」

「我明白了。」

崔科長不得不屈服。

灰心的崔科長回到公司後，向代表理事報告了來龍去脈，D企畫是以共同代表理事制營運，一共有兩位代表理事：黃代表是營銷專家、尹代表則是財務／企畫專家，兩位代表理事的處事風格截然不同。黃代表是人際關係導向類型的人，在一般情況下絕對不會主動引起紛爭，走的是「和氣生財」的路線。而尹代表則是碰上該追究的事情就會追根究柢，且爲避免造成公司損失，總是採取保守態度的路線。因此，在接獲崔科長的報告後，兩位代表的反應南轅北轍。

黃代表的反應如下：

「到目前爲止，其他公司都沒有針對這個疑點提出異議，若只有我們有特殊要求，被G公司盯上的話，以後合作上也會有很多困難，就按照他們的意思進行吧。」

尹代表的想法卻不一樣：

「我們先期必須投資的金額相當龐大，我認爲不能就這樣簽訂帶有不利條款的合約。上次代言的那起案子，我們不也因爲合約問題受了委屈嗎？你這麼快就忘記了？所以即使會很困難，也要說服G公司的負責人，把暗黑條款改掉之後再進行。」

由於兩位代表的想法和指示相去甚遠，崔科長感到很爲難。如果繼續挑剔地提出合約修改案，導致合約本身出問題的話，就會遭受黃代表的指責；而如果按照G公司的想法簽訂合約，可能會被尹代表認爲是辦事不利的員工。

看著相隔多時不見，前來找我諮詢這個問題的大學學弟——崔科長，我先唸了他兩句：

「這眞是個大難題，你爲什麼只有碰到難以解決的問題時才想到我？」

「學長，對不起。真的很抱歉。但我實在是進退兩難，你能幫忙想個解決辦法嗎？」

其實，單方面制定對自己有利的合約內容，並且不同意修改的這種「甲方行徑」本來就很常見，並非新鮮事，不過目前這種情況既要避免撕毀合約，又要適當的修改暗黑條款，就像在地雷區內必須輕手輕腳的躲避地雷、朝目的地前進般，是一件非常棘手的事。

「你說這間公司一直以來都使用同一份合約，對吧？」

「是的，據說從來沒有修改過。」

「他們主要使用的是營運委託合約嗎？」

「對，合約內容是將他們名下管理的各地區廣告看板委託給像我們這樣的企畫公司。我原先也想直接略過，但有一些暗黑條款實在太過分，對我們來說風險過大。」

我瞬間想到了一個辦法，便向崔科長解釋。他仔細聽了我的想法後，決定用我提出的方法與 G 公司重新協商。

隔天，崔科長撥了通電話給 G 公司的朴次長。

「朴次長，上次和您談完後，我們公司內部討論時產生了一點問題，代表理事們希望能夠實際確認 G 公司是否一直以來都使用同一份合約書，還請您順手寫一封類似內容的郵件給我，協助我順利獲得批准。」

朴次長儘管語氣很不耐煩，還是答應了。

他寄來的郵件內容非常簡單。

而崔科長想要的正好就是這種程度的回答。

> 本公司與委託企業簽訂的委託營運合約書與其附件皆為相同形式，共同使用於所有企業間的交易，個別條款的修改／補充並不符合我方營運方針，特此通知。

收到郵件的隔天，崔科長再次拜訪了朴次長。

「朴次長，簽約出了些問題。我原本想按照G公司給的合作草案簽訂合約書，不過我們公司的監事提出了疑問，表明這樣已經構成違法行爲。」

「你說什麼？違法！」

「是的，您不是說G公司一直以來與多家企業簽訂營運委託合約時，都是使用同一種形式的合約書嗎？那，這麼一來就不是一般的合約，而是會被分類爲條款限制法中的『定型化契約』。就像是我們購買旅遊行程或保險方案時，都會有的寫著密密麻麻細項的契約書，不是嗎？」

「不對，這就是合約書啊，爲什麼說是定型化契約書呢？」

「若是由某一方當事人撰寫並不斷反覆使用同一份資料，便會被視爲定型化契約書。昨天朴次長不是在信件裡說明了嗎？貴公司從未更改過營運委託合約書。據說這部分就是證明這份其實是定型化契約書的證據，我們監事是這樣告訴我的。」

「那會怎麼樣？」

「定型化契約受到條款規制法的約束，因此，合約內容應由甲乙兩方公平的合作撰寫，否則就會被視爲無效。就目前您所提供的合約草案，若將其中某幾項條款申報給公平交易委員會，我司監事說會立刻被以無效處理。」

崔科長小心翼翼地觀察了朴次長的臉色後，繼續說：

「不過更大的問題在於，過去五年間，G公司與多家企業簽訂的合約書其實都是定型化契約，所以全部都會失效，這樣的話，問題會變得非常嚴重。我司的監事看到次長的電子郵件後，便這樣告訴我……總之，我很抱歉。」

朴次長在沉默了一陣子後終於開口：

「這麼複雜的事情我不太清楚，不過你剛才提到有疑慮的條款是哪些？唸給我聽吧。」

崔科長點名了最嚴重的三項暗黑條款。

「我知道了，雖然原則上不能這麼辦理，但我會試著朝可以修改的方向努力。同時，也請你說服這位監事，請他別把這問題申報至公平交易委員會，不要節外生枝。」

「是，好的，進行時我會特別留意。次長，眞的很抱歉給您添麻煩了。」

至此，所有問題都順利得到解決。朴次長意識到自己的一封電子郵件可能會讓整間G公司的合約書都被認定爲定型化契約，問題將會一發不可收拾，因此做出了讓步；崔科長名利雙收，而我也守住了身爲學長的面子。

朴次長自行樹立的強烈立場，讓事情出乎意料的朝有趣的方向發展。因爲他主張：「我方提出的是一次都沒有被更改過、強而有力的合約書。」於是才會衍生出：「既然如此，那份合約應被視爲定型化契約，並接受更爲有力的法律限制。」這樣悖論性的結果。

物極必反，指事物的發展到達一定極限時必會出現反轉。這句話也可以被解釋爲：**興亡盛衰是反覆無常的，所以做任何事情都不能過於貪心**。遇到颱風時，適當彎曲的竹子，絕對不會被折斷。**時而低頭、時而讓步才能獲得勝利，柔軟的韌性才是眞正的強大**。

被剽竊的創意，他爭回來了

「能做到這種程度真不容易……怎麼會連這些都處理好了？」
「您在課堂上教我們這樣做，我只是照著辦理。」

某一天，崔尚明來拜訪我。他表示自己一年前曾上過我為新創公司 CEO 所開設的法律課程，希望就自己的創意被大企業盜用的議題進行諮商。雖然外表看起來像大學生，但他的名片上確實寫著 CEO，詢問後才知他的年紀在三十五上下，可說是相當童顏。崔尚明所經營的 B 公司是以網路行銷顧問為主的新創公司，職員包含他本人在內共有四名。

「我經歷了和律師在課堂上分享過的類似案例。」

崔尚明規畫了名為「活用行動裝置與社群網站提高會員忠誠度的宣傳技法」

的行銷解決方案，並且在六個月前向 A 大企業時尚事業部提案——目標客群鎖定二十至三十歲女性、結合 Beacon[①] 以地理鄰近性進行服務，並透過社群網站和多種回饋方式進行行銷宣傳。

網路行銷的推廣方式大同小異，鮮少能有太特別的作法，不過崔尚明的提案連我聽了都覺得相當有吸引力。崔尚明和 A 公司並無任何特殊的裙帶關係，他僅透過 A 公司時尚事業部的連絡信箱傳達了自己的行銷宣傳想法，在獲得對方回信後，親自拜訪 A 公司詳細說明自己的創意。

才聽到這裡，我彷彿已能想像崔尚明後續要和我討論的內容，也產生了「面對這種情況，我可能很難幫上忙」的念頭。其實向大企業進行創意提案後，對方表面上假裝漠不關心、事後卻暗自抄襲的狀況很常發生，同時，卻也很難找到適當的方式來譴責這種盜取創意的行爲。

能保護創意的制度是「專利」，如果我對某個創意發想申請並註冊了專利，遇上這個創意遭到侵害的狀況時，可以提起民事或刑事訴訟。但在多數情況下，如果不是原創技術，而是商業想法、企畫等，通常不會申請專利，即使遞出專利申請，能成功註冊的情況也不多見，也就是說，沒有專利就無法進行有效的反擊。

不過，也有即便沒申請專利仍能保護自身創意的方法，那就是該想法必須被認證爲「商業機密」。若想以商業機密被侵害爲由作出反擊，必須具備的條件可不簡單，我爲了不浪費時間，趕緊說出了結論：

「崔先生想以A公司盜用您的創意這點作爲議題，不過該行銷方案應該尚未被註冊？坦白說，要爲這種創意發想註冊專利並不容易。雖然很遺憾，但沒有註冊專利的話，很難以想法被侵害爲理由進行反擊。」

這時崔尙明歪頭疑惑道：

「我不是想以專利進行反擊耶？而是想用商業機密的方法。」

啊，商業機密。看來這位已經具有某種程度的法律知識，溝通上應該能更輕鬆無礙。

「您想以侵害商業機密來反擊嗎？當然不成問題，不過需要具備的條件會更多。」

以商業機密方案作爲反擊的重點是，必須告知對方自己的提案內容屬於商業機密，不過能順利執行的例子非常稀少。

「這樣子可以嗎？」

崔尚明淡定地拿出準備好的資料，就在他當時向A公司負責人們的提案資料下方，清楚可見寫著「收到本提案書的人應充分了解，本提案書內涵蓋的商業模式爲本公司受保護之商業機密」這類字樣。

「什麼？您居然搜集了這些？能準備到這種程度眞不簡單。」

不過，光是這樣還不夠充分。

「您做得很好。只不過對方可能會堅持『沒看到』這些文字，那會很麻煩，執行上可能不太容易，因爲還需要簽訂所謂的NDA保密協定。」

因爲是核心的創意想法，當預感到有洩漏危機之時，就必須主動提出NDA（Non Disclosure Agreement：保密協定書）並取得對方的簽名。然而當乙方要求簽訂NDA時，甲方有可能會認爲：「怎麼處事態度如此死板？乾脆不聽報告了。」

然後將人拒於門外；不過要是甲方對乙方感到好奇的話，或是充分感受到乙方提案的魅力也可能產生：「咦？到底是什麼內容讓對方如此堅持？好想聽聽看」這樣的想法。

話還沒說完，崔尚明再次淡定地將印有「保密協定書」的文件放到桌上。

「這樣的話……沒問題了吧？」

我驚訝的想著「哇，連這個都有？」

「A公司乖乖簽名了嗎？」

「我要求對方必須簽名才給他們看完整的內容，業務負責人便以沒什麼大不了的態度簽了。」

保密協定書的最後有A公司員工的簽名。的確，準備得很完整，但事情並未到此結束。

「是的，您確實準備了不少資料。但是，當我們對外主張『這是我們的商業機密』和『實際表明這份資料屬於商業機密』是兩回事，專利是向特許廳申請後註冊的對外程序，商業機密則是單純的內部管理，因此用於未來舉證的話，可能會產生問題。」

崔尚明再度淡定地將一疊文件放到桌上。

「這樣可以嗎？」

用透明資料夾俐落整理好的文件，封面蓋著「Trade Secret」（商業機密）的印章，這份是證明公司內部確實有進行營業機密管理的資料。我不可置信的問：

「難道這份商業機密已經通過註冊……」

「啊，你說這個嗎？」

崔尚明再拿出一份文件放在我面前。

這一份是隸屬於特許廳的商業機密保護中心所提供的商業機密原件證明書，目的是為了防止在確認是否為商業機密時引發爭議的情況，申請人只需要繳交一些手續費，便可以為公司的商業機密註冊，是使用於非常時期的證明制度。畢竟也不是大企業，一間新創公司能為了保護商業機密做到這麼完美的處置，真是令人感到相當驚訝。

「您能做到這種程度眞不容易……怎麼會連這些程序都處理好了呢？」

「律師您不是在課堂上告訴我們要這樣做嗎？我只是照著您所教的辦理。」

崔尚明從包包裡拿出一本筆記放到桌上，他將在外面學到的課程內容都整理在筆記裡。他用手指比畫了屬於我上課內容的部分。

「眞可怕的人，這可不是開玩笑的。」

我調整了坐姿，集中精神聽他解釋整個事發過程。

A公司在六個月前聽了崔尚明的行銷提案後，表現得毫無興趣。

「雖然主題本身很有趣，但並不適合應用在我們公司。」

「將金錢投資在這種行銷方式，也無法保障是否能獲得與投資相應的收益。」

經過兩個小時的認眞說明後，幾乎是一無所獲的結束了會議，那天之後也沒有收到A公司的任何聯絡。事隔六個月，A公司時尚事業部推出了大型客戶活動，獲得了熱烈回響，而該活動的創意即是源自崔尚明的提案。對於舉辦了能巧妙活用最新IT技術、配合顧客高需求度的成功活動，A公司收獲不少好評，蔚爲業界的話題。

「在這張新聞採訪照片中，有一位是曾聽過我提案簡報的人。」

崔尚明給我看的照片上，有好幾位 A 公司的行銷組職員，一起擺出加油的姿勢並露出燦爛的笑容。

「我明白了，那麼請告訴我您希望得到的協助。」

崔尚明首度露出微笑地說：

「我希望我的創意能夠獲得應有的評價，畢竟 A 公司這份大獲好評的提案是我的想法，他們可以選擇給我專利費，或是以任何公開形式表明這是我的創意。因爲對我們公司來說，僅是這樣也能讓我們在業界博得信賴。」

然後他用手指點出課程筆記中的一部分說：

「我記得律師您在下課前十分鐘曾說過，遇上這種情況時，寄送存證信函來解決問題是您的專長，於是我便來委託您了。」

好吧，他都已經準備到這種程度，還有什麼不可行的？我馬上著手撰寫了存證信函。

收件者：A股份有限公司代表理事金○○
寄件者：Must Know律師事務所律師曺祐誠
標題：商業機密侵害事實與法律措施通報書

願貴司鴻圖大展。

1. 寄件者受B股份有限公司（代表理事：崔尚明，以下稱「委託人」）委託，向貴公司寄送本通知書。
2. 委託人於二〇一五年二月四日向貴公司時尚事業部金○○次長、朴○○科長就「活用行動裝置與社群網站提高會員忠誠度的宣傳技法」相關行銷創意（下稱「本案創意」）進行了提案。
3. 本案創意為委託人所持有的重要商業機密，B公司內部也將商業機密資料嚴格管理，已於韓國特許廳申請註冊為商業機密（附件一：商業機密原件證明書）。
4. 委託人在當時簡報的文件中，明確記載了本案創意為商業機密（附件二：簡報資料），並且為了避免商業機密遭不當洩漏，與貴公司負責人簽訂NDA保密協定書（附件三：保密協定書）。

5. 貴公司負責人於聽取委託人提案後，表達了本案創意並不適用於貴公司的立場，委託人也接受了這個事實。

6. 另一方面，貴公司近期以顧客為對象，舉辦了〇〇活動，盛大進行行銷宣傳，並可在媒體報導中多次看見出眾成果。經我方委託人確認後，判斷上述貴公司的活動和行銷方案，原封不動地使用了委託人曾與貴公司負責人提案的內容（附件四：貴公司活動與本案創意比較資料表）。

7. 有關貴公司行為的法律評估

甲、根據防止不當競爭與商業機密保護相關法律（以下簡稱「不競法」）第二條第三項第四款（根據契約關係，有維持商業機密之義務者，獲得不當之利益或以損害商業機密擁有者之目的使用商業機密或公開之行為），貴公司的行為明顯侵害了委託人所擁有之商業機密。

乙、這般侵害商業機密之行為，已構成民事上責令停止請求之對象（不競法第十條），同時也是損害賠償之請求對象（不競法第十一條），委託人正就貴公司侵害商業機密之損失金額進行計算。

丙、根據不競法第十八條第二項，侵害商業機密行為可處五年以下有期徒刑或五千萬元以下罰款，是明確的犯罪行為。

8.委託人要求事項

下列為委託人對貴公司所提出的要求：

甲、請貴公司查明，在沒有正當程序的情況下隨意使用委託人商業機密之原委。

乙、請貴公司說明後續針對此情況將採取的處理措施。

丙、以上兩項請於收到通知書後的七日內，以書面形式向寄件者提出說明。

9.委託人期望與貴公司的紛爭能夠圓滿解決，但希望貴公司注意，若未對上述第 8 項請求進行答覆，在不得已的情況下，我方將採取上述第 7 項所記載之民事與刑事法律措施。

以上。

二〇二〇年九月十日

Must Know 律師事務所

律師曺祐誠

當委託人準備的佐證資料不足時，律師需要費盡心思撰寫存證信函，但本案確鑑的證明資料多不勝數，於是能夠非常順利的完成文件。

寄出通知的幾天後，我就收到來自 A 公司法務部的聯絡，對方積極的想要解決這個問題，於是便爲後續處理約了會談，顯示出他們對此事的急迫性。我和崔尚明在拜訪 A 公司商討後，達成了以下協議：

1. A公司和B公司就本案創意之使用和相關授權簽訂了合約。
2. A公司將以使用本案創意和相關諮詢勞務費用之名義，支付三千萬韓元。
3. 於對外宣傳資料內，說明本案創意是由A公司與B公司共同創造，B公司可活用此資訊作為公司的參考資料，A公司將積極提供協助。
4. 公司就此次事件相關事項，不再追究A公司的任何民事與刑事責任。

有句話說：「所見即所知。」但要藉由實踐知識來維護自身權利是非常困難的事情，因爲非常了解這一點，所以我認爲崔尚明很了不起。在這次事件後，B公司和我簽署了顧問合約，B公司是一間總是能讓我感到緊張的企業，因爲代表崔尚明能一字不漏地將我說過的話全都牢牢記住。

宋明理學家程頤將讀過《論語》的人大致分爲四類：「讀《論語》有讀了全然

無事者；有讀了後其中得一兩句喜者；有讀了後知好之者；有讀了後不知手之舞之足之蹈之者。」他還說：「如讀《論語》，未讀時是此等人，讀了後又只是此等人，便是不曾讀。」

眞正的讀書並不僅是閱讀，應將其昇華爲知識，並且讓這些知識改變自己。在無數的情報和資訊中挑選出眞正的寶石，並將其努力融入自己的人生，在瞬息萬變的現在，這難道不就是我們該追求成爲的那種知識戰士的模樣嗎?!

編注：

① Beacon（中文稱作燈塔或信標）是一種串連大數據和物聯網的微定位技術，稱爲「鄰近系統」（Proximity System）。藉由與你的智慧型手機、電腦、各種行動裝置等時序同步，可以精準知道你所在的位置。是一種結合「地理鄰近性」與「個人化習慣」，讓實體通路也可以做到如電商通路般的精準行銷。大小如雞蛋的 Beacon 裝置，被稱爲是物聯網生態系下的燈塔，是可讓大數據「變現」的資料搜集器。

一個善意卻讓過期債務重生

「法官，那筆錢是我給債款催收員的車馬費，絕不是用來還債。」
「請照常理思考。給收債的人車馬費合理嗎？」

李優鉉曾創立一家小公司，不幸遇到不景氣、客戶破產，最後不得不結束營運，而且還負債五億韓元。他拿出全部家當償還了三億，還剩下大約兩億元的債務。在這兩億債務中，其中一億是向K互助信用金庫借貸的，本故事的關鍵就是這筆讓他痛徹心腑的借款。

當初他是爲了公司周轉而借了那筆錢，依照儲蓄銀行的要求，必須找一位連帶保證人，但公司規模小，管理人員就只有他本人，於是不得不拜託正在準備公務員考試的弟弟作保。李優鉉的弟弟——李政鉉便因哥哥的拜託而成了連帶保證人。

由於公司已經結束營運，無法支付每個月應付的利息，K互助信用金庫催促李優鉉必須一次償還所有貸款（若是無法每月支付利息，不會等到貸款期滿，便會要求一次還清貸款全額，這被稱爲「期限利益喪失」）。K互助信用金庫也催促了連帶保證人李政鉉，只不過，不管是李優鉉或是正在準備高考的李政鉉都沒有能力還債。

K互助信用金庫在幾次催促後，不知道從何時開始突然就沒了聯絡。這樣的狀況反而讓人更加不安。比起自己，李優鉉更擔心弟弟，因爲他認爲，若是債權人將弟弟登記爲信用不良者，說不定會讓正在準備高考的弟弟受到不利影響。

經過了一段時間，李優鉉收到了一封來自K互助信用金庫的通知書，內容說明K互助信用金庫所持有之相關債權將轉移給P資本回收公司，今後的債權追討將由P資本回收公司來進行。

李優鉉突然感到害怕，雖然無法確實了解P資本回收是間怎樣的公司，但他曾在報紙上看過，K互助信用金庫將不良債權低價出售後，承接債務的公司拚命追債，讓債務人苦不堪言的新聞。一想到不久之後，對方就會開始追討債務，他的心情就更沉重了。但令人意外的，在收到通知後，P資本回收公司有很長一段時間都沒有採取任何行動。

突然有一天，一位名爲金東雨的P資本催收員找來他家，李優鉉心想：「該來的還是來了。」但不知爲何，金東雨不但沒有催討，反而努力讓他感到安心。

「您被我的來訪嚇到了吧？大家都怕看到我這樣的人，一現身就是要來討債，所以特別恐懼。不過我只是來討杯茶喝，喝完就會離開了。」

金東雨非常溫和，對自己的事情也能侃侃而談。他比李優鉉小六歲，和弟弟李政鉉同年，原本從事行動電話的銷售工作，經由前輩介紹才踏入這個行業。

「我的主要業務是向如社長您這樣經營事業後破產的人執行債權回收。銀行或是互助信用金庫把自行追討困難的債權集中後轉賣給我們公司，而我們要做的就是盡可能回收這些債權。由我這樣的職員各自前往收債，並以案件來計算業績。雖然有基本底薪，但收入來源主要還是得靠業績。」

金東雨繼續說明：

「說實話，李社長的債權在公司內部被分在D級，也就是說，回收資金的可能性被認爲非常低。畢竟作爲連帶保證人的弟弟也沒有什麼財產。在我們職員中，組長看好的人能被分到A、B等級、回收的可能性很高的債權，若是成功回收就能獲得獎勵，但我可能是被組長盯上還是怎麼的，老是只有被分配到C、D等級的命。」

想到大家的生活都不太好過，李優鉉感到很抱歉。

「哎呀，要是狀況允許，我能多少償還一些債務就好了。」

「別這樣說，請不要感到負擔。因爲我也是領薪水的，所以至少要像這樣多少留下債務者探訪紀錄才行。」

金東雨雖然是負責回收債權的業務，但給人的感覺很溫暖。李優鉉想著，金東雨一直得不到組長的認可，也許就是因爲這個緣故吧。

在那之後，金東雨大概每兩個月會來訪一次李優鉉的家。雖然頭一兩次讓李優鉉備感壓力，但在經常見面後，也逐漸開始將對方當作熟稔的晚輩。金東雨也會問候他弟弟的近況，聽說李政鉉儘管高考兩次落榜，但距離錄取線沒太遠，就差臨門一腳，對此金東雨也會祝福弟弟早日金榜題名。

某一天，金東雨提著一些東西，再次來訪。

「我老家種了一些梅子，這次媽媽寄了幾瓶梅子汁給我，所以帶了一瓶來送給社長。是有機的，和市面上販賣的品質大不相同，您喝了之後請繼續加油！」

李優鉉愣愣地看著金東雨好一陣子，這人怎麼可以這麼善良？

「你今天要去幾個地方？」

不知道從什麼時候開始，他們已經可以輕鬆的聊天。

「從這裡離開後，還要去四個地方。」

李優鉉打開錢包，拿出幾張萬元鈔票：

「東雨，雖然這些沒多少，但你拿去當作交通津貼吧。」

「咦？不、不用啦。」

「雖然不能馬上還清債務，但這點錢我還是能給的，你就拿著吧。」

金東雨一臉爲難的接過鈔票。

「您的狀況這麼困難，還爲我著想，謝謝。」

「別這麼說，是我對你更不好意思。」

李優鉉想著，要是自己在以前事業順利的時候就遇見東雨，也許會想錄取這樣的員工也說不定。

一年後，李政鉉終於通過公務員考試。對於親生弟弟在這麼困難的環境下，沒有失去勇氣、仍順利達成目標，李優鉉身爲哥哥在感到抱歉的同時，也覺得非常欣慰與感動。

兄弟倆在弟弟通過公務員考試的六個月後，收到P資本回收公司要求償還貸款的訴狀。早在一個月前，政鉉的薪水就已經被以假扣押處置，只差沒收到正式訴狀。借錢是事實，沒辦法還錢也是事實，雖然他們認爲大概沒有其他的解決方法，仍想抱著試試看的心情，帶著訴狀來到了法律扶助機構諮詢，負責律師仔細研究了案件後，說出令兄弟倆意外的結論：

「這個案件應該打得贏官司吧？消滅時效好像已經到期了。」

「什麼？」

李優鉉和李政鉉嚇了一跳。

「因爲 K 互助信用金庫的貸款屬於商業債權，消滅時效爲期五年。根據證據資料顯示，李優鉉在公司破產後，於二〇一〇年二月起無法支付利息，若是從那時候開始計算消滅時效的話，到二〇一五年一月底消滅時效就到期了。這份訴狀是在二〇一五年七月時受理，也就是說，請求是在消滅時效期滿後才被提出。」

「啊，這樣嗎？那麼我們該怎麼做才好？」

「消滅時效無法以法官的職權來判定，而必須由被告，也就是李優鉉和李政鉉本人來主張此事由，只要在答辯書內寫下：『本訴訟案於事件消滅時效完成後提出，應予駁回』就可以了。」

「律師，我們不太清楚該怎麼做，可以幫我們寫一份嗎？」

法律扶助機構的負責律師雖然非常忙碌，但在李優鉉的懇切請求下，當場就幫他們撰寫了一份答辯書，好讓他能向法院提交。

一個月過去，法院再次寄來了文件，這份是 P 資本回收公司所準備的書面資料，內容寫著：「消滅時效期間因被告李優鉉承認債務，以及曾經償還部分債務而中斷。」李優鉉再次前往法律扶助機構向律師詢問，負責律師在閱讀了P資本回收公司所準備的書面資料後回應：

「咦？李社長曾於二〇一四年八月向P資本回收公司的負責職員承認債務，並且償還過其中五萬元的債務嗎？您為什麼沒有提到這件事呢？」

承認債務並償還了五萬元嗎？李優鉉不清楚這到底是什麼意思。但在那瞬間，他想起了自己給金東雨的五萬元交通津貼。

「啊，那筆錢並不是那個意思。我只是想要慰勞辛苦前來收債的業務，所以給了他五萬元當作車馬費罷了。」

「給來追債的職員車馬費嗎？您認為法官會相信這種說法嗎？何況當時那位負責員工和您的對話內容有被錄音記錄，請看一下證據資料。」

查閱甲方第三號證據的錄音紀錄，金東雨和李優鉉的對話內容是以速記的方式記載：

李優鉉：雖然不能馬上還清債務，但這點錢我還是能給的，你就拿著吧。
金東雨：您的狀況這麼困難，還爲我著想，謝謝。
李優鉉：別這麼說，是我對你更不好意思。

「您看，您曾向他表示：『雖然不能全部償還，但至少會還其中一部分。』就是這句話讓消滅時效中斷的，所以原告的請求依然有效。」

除了目瞪口呆，李優鉉做不出別的反應。不久後，貸款償還請求的訴訟開庭了，李優鉉在法庭上告訴法官：

「法官先生，那筆錢只是我給那位職員的車馬費，絕對不是用來償還債務的費用。」

不過法官的反應很冷淡：

「李優鉉，請照常理思考一下。給前來向你收債的人車馬費是合理的行爲嗎？錄音紀錄上也清楚記載了，不是嗎？您說『雖然不能馬上還清債務』，這句話可以被視爲親口承認債務，而給了錢的舉動則可以被看作是部分償還。」

李優鉉急切地向法官詢問：

「法官，那麼就算我負起責任，我弟弟會受到什麼影響？」

「由於主債務者李優鉉承認負債並償還了部分貸款，消滅時效期間便會因此中斷。而消滅時效的中斷對於連帶保證人也具有同樣效力，換句話說，李優鉉和李政鉉都需要繼續償還債務，我只能這樣下判決。」

一個月後，原告勝訴的判決結果出爐。被告李優鉉、李政鉉兄弟需要償還本金一億韓元，加上利息合計共一億四千萬韓元的債務。以上是我從任職於法律扶助機構的後輩——朴律師那裡聽到的故事。

「眞是了不起。那麼金東雨這個人，完全是依照自己的想法執行這個戰略的嗎？」

「我也不清楚實際狀況，但是從錄音後製刻意將提及這筆錢是作爲交通津貼的部分剪掉來看，有意爲之的可能性極大。」

「看來可以當作他是巧妙地刺激了欠款人的歉意，進而讓對方承認債務並誘導部分償還。」

二〇一五年十二月，部分政界人士表示，將促進禁止追討消滅時效期滿的債權（又名死亡債權）及追討的法案，作爲家庭負債對策的一環。據悉，此法案的宗旨是想透過法律來阻止不當債權的追討。

不過，部分討債企業會對債權消滅時效即將到期的欠債者提出「先償還部分債務，就能減免本金」的提議，利用這種方式欺騙欠債者償還小部分債務來中斷消滅時效；或是向消滅時效已經到期的欠債者表示：「就算只還一小部分也好。」之後再將這個舉動賦予放棄消滅時效利益、使死亡債權復活的意義，這類狀況並不少見。這個世界上貌似有很多被討債集團了不起的集中力和規畫能力欺騙，自行破壞自身權利的債權人。

法律並不會總是保護弱勢的那一方，即使原先是爲了保護弱者而存在的條款，像這樣因爲無法正確應對，而遭遇困難的狀況也會發生。德國的法律學家魯道夫・馮・耶林在《爲權利而鬥爭》中提到：「法律的目的是和平，而實現和平的手段則爲鬥爭。」字裡行間隱藏著弱者必須自己努力爭取權利的含義。

雖然有「法律是常識」這樣的說法，但若是因爲這句話就誤會所有法律內容都是常識的話可不行。因爲有許多富含技巧的內容，所以有時也會有擊中常識要害的部分。因此，**爲了自我保護，必須以經驗和知識來武裝自己**、**守護自身的權利。**

一個小疏失，就是一百減一等於零

「金代理，發生什麼事了？我一早接到權社長的電話，他很生氣，說土地不能過戶，到底是怎麼一回事？」

金代理很喜歡自己的公司。雖然是中小企業，但基礎穩固，最重要的是負責法律業務的職員只有他一人。儘管制度上他還有個直屬主管——總務組長，但因爲組長不熟悉法律業務，審查合約、撰寫通報書、回收債權等，這類重要法務的實際負責人還是金代理。雖然多少有些壓力，但能夠全權負責和承擔責任，他對此深感自豪。

有一天，金代理的手機響起了一通陌生來電。

「金代理嗎？很高興認識你。我是朴會長，聽說你非常有實力。」

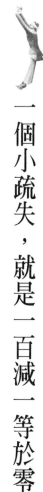

「是，會長您好！」

雖然金代理進入這家公司已經五年多，但只有遠遠的見過大老闆朴會長一次。公司的代表理事崔代表是朴會長的大女婿，但百分之六十的股份是由朴會長持有。

金代理在朴會長的召見下，進入位於代表理事辦公室旁的會客室。朴會長興高采烈的迎接他：

「雖然你爲了處理公司的事情已經很忙，但我可以拜託你一件私事嗎？」

金代理用服從軍令的口吻回答：「我會努力辦理！」

「我有一塊地，最近有人有意收購，我也想在變得更老之前將那塊地以適當的價格賣出去。雖然中間有房地產經紀人協助，但我還是想把簽約或是收款這類問題交給可以信任的人。正好崔代表向我推薦了你，說你很有實力。」

聽到自己被認可，金代理深感欣慰。如果只是販賣房地產，並不是什麼太困難的事情，更何況已經有購買者出現，應該沒有什麼需要太擔心的部分。如果這次能協助朴會長順利辦事，金代理也能順便鞏固自己在公司的地位，各方面都令他感到期待。

金代理接下朴會長的委任狀後，約了以代理人身分前來買地的尹永福見面。朴會長和買主尹永福談妥的土地價格是十億韓元，金代理將撰寫好的合約草案遞給了尹永福。

1. 總交易金額為十億韓元
2. 簽約金為一億韓元，於簽約當日支付
3. 中期款項為六億韓元，於簽約日往後推算一個月的二〇一五年三月二日支付
4. 尾款金額為三億韓元，於中期款支付日後一個月的二〇一五年四月二日支付

其他合約條款與普通房地產買賣合約的條件相似，尹永福對於合約內容沒有提

出異議，當天就順利簽訂了合約，金代理用自己的支票從尹永福那裡收取了一億韓元的簽約款項。一個月後，尹永福如期將六億匯入朴會長的帳戶。一切都順利進行，接著只要拿到尾款，交易就完成了。

二〇一五年三月二十七日，距離支付尾款的日期還有一週，金代理接到了尹永福的電話：

「金代理，真的很抱歉，我能稍微推遲一下交付尾款的日期嗎？原本說好還款的人要求我寬限一些時間。」

「這樣嗎？但我無法擅自作主，要請示會長才行。請問您需要延後幾天呢？」

「若能延遲兩週，我會非常感激。」

「明白了，那麼您是希望尾款日期能夠調整到二〇一五年四月十六日，對嗎？我先和會長確認後再回覆您。」

朴會長在收到金代理的報告後詢問：「好吧，遲這麼一點時間應該還能體諒，那我們需要再簽一次合約嗎？」

「不一定非得那麼做，可以寫一份簡單的補充協議就行了。加上『把原版合約書內的尾款支付日期從二〇一五年四月二日變更爲二〇一五年四月十六日』這樣的內容應該就足夠了。」

朴會長表示沒有異議，照著進行即可。金代理便將上述內容製作成追加協議書後，傳送給尹永福並取得了對方的簽名。

幾天後，金代理接到朴會長的來電，朴會長語帶焦急地說：

「金代理，局勢有些改變了。」

「發生了什麼事？難道有什麼不好的事情嗎？」

「不是那樣，反而是有好事發生。也就是說……」

朴會長的土地出現了新的購買者。

這位是房地產開發商，他提議用十五億韓元來購買那塊土地。

「看來我賣尹永福十億實在太便宜了。這位開發商給我看了厚厚的商業計畫書，說他想在我的土地上建造一家療養院，甚至說了要把療養院和附設殯儀館的股份都給我一些，因爲那一帶沒有比我的地更適合的了。所以我想問你，現在有可能放棄之前和尹永福簽訂的合約嗎？如果把之前收到的一億簽約金，乘以兩倍當作違約金給他可以嗎？哪怕需要這樣做，我也想試試看。」

如果當下是只從尹永福手中拿到簽約金的狀況，可以把已收到的簽約金加倍返還，並解除合約。不過，目前是已經收到中期款項的情況，朴會長不能隨心所欲的解除合約……金代理靈機一動，想到一個解決辦法：

「會長，如果尹永福在接下來的尾款支付期限內無法籌到餘額，我們就有解除合約的方法。當時和尹永福通話時，準備資金的過程聽起來並不容易，若這次他仍舊無法順利湊齊尾款，便會違反合約，我們也無需像上次那樣爲他延期，只要直接通報合約解除就行了。那麼一來，錯誤將歸咎於尹永福那方，而合約解除之後，我們也不需要歸還最初收到的一億簽約金，之前簽訂的合約內容當然也會全數被視爲無效。」

「啊，這樣嗎？嗯……那希望他無法順利湊齊尾款。金代理，眞是辛苦你了。如果這次的事情能好好解決，順利和開發商簽訂十五億韓元的合約，我想給你一些獎賞，把總金額的百分之一，也就是一千五百萬作爲酬金給你，你可別客氣。」

除了這份令人意外的高額獎金，還能被公司認可，金代理的心情非常好。他決定先按兵不動，等待時機，看看尹永福是否能夠眞的備齊餘款。

尹永福在尾款期限的前一天，也就是二〇一五年四月十五日，又撥了通電話給金代理，這讓金代理緊張的咽了口口水。

「金代理，我不知道該如何向你開口。我原先眞的很努力在準備餘款，但實在不容易啊。請再多寬限幾天，我馬上就能湊到錢。上次和你提過答應還款的人失信沒能收到錢，致使我不得不向銀行提出貸款申請，但還需要幾天才能撥款。尾款支付期限不是四月十六日嗎？我大概在四月二十日左右就可以籌到全部餘款了。」

太好了！金代理高興得不得了，但爲了不讓對方察覺，他盡可能地用最愼重的口氣回覆：

「這並不是我能決定的事情，我先和會長商討後再回覆您。」

金代理打電話向朴會長傳達了這個好消息。

「金代理，那我們現在該怎麼辦呢？」

「是的，由於明天就是尾款的支付期限，只要在後天上午向他發送『由於已經超過付款期限，是您的責任導致房地產買賣合約必須被解除，所以先前支付的一億簽約金將作爲違約金被我方吸收，中期款項則會全數歸還』這樣的解除合約通知書即可。」

「喔，乾淨俐落。那就這樣進行吧。金代理，和你合作彷彿所有事情都能順利迎刃而解呢。」

隔天，金代理準備了要寄送給尹永福的合約解除通知書，內容非常簡單：

1. 您未能在協議的支付日期內支付尾款。
2. 因此，以您違反合約內容為由，根據合約書第九條，合約將被解除。
3. 已支付的簽約金將作為違約金予以沒收，中期款項則預計歸還。

金代理等到尾款支付日一過，就立刻寄出了通知書。尹永福在接到通知書後，馬上打電話給金代理抱怨：「世界上哪有這種法律？」並央求再給他一次機會，不過金代理只能委婉拒絕：「我也很想這麼做，但朴會長心意已決，我無法說服他。」

幾天後，金代理見到了想要購買朴會長土地的房地產開發公司社長。權社長是一位野心勃勃的年輕企業家，既然之前已經聽說了療養院和殯儀館的建案內容，金代理與權社長便直接簽定了新的房地產買賣合約。

1. 總交易金額為十五億韓元。
2. 簽約金為一億五千萬韓元，於簽約當日支付。
3. 中期款項為八億五千萬韓元，於簽約日往後推算一個月的二〇一五年五月四日支付。
4. 尾款金額為五億韓元，於中期款支付日後一個月的二〇一五年六月三日支付。

在短短一個月內，以多出五億韓元的高價出售了那塊土地，朴會長非常滿意。再加上從尹永福那裡得到的一億元違約金，這個結果簡直一箭雙鵰。崔代表在聽說這個消息之後，單獨把金代理叫到面前，稱讚了一番：

「會長非常開心我介紹了有能力的人才給他，金代理也算保住我的面子，就請你好好負責這件事情到最後吧。」

金代理不自覺的嘴角上揚。

在權社長已經支付完中期款項後的某一天早晨，金代理接到了朴會長的緊急通話：

「金代理，發生什麼事了？我早上接到權社長的電話，他說尹永福對我的土地做了禁止處置的臨時處分，並且已經在登記簿上做了標記，這麼一來我就不能把土地過戶給權社長了？權社長現在非常生氣，這會對他的事業造成很大的影響，到底是怎麼回事？」

禁止處置的臨時處分嗎？金代理突然感到有些精神恍惚。「禁止處置的臨時處分」是持有土地權的人爲了禁止他人轉讓該土地的事前處分，但是沒能付清尾款而被解除合約的尹永福，究竟是以什麼方式申請到對那塊土地進行禁止處分命令的呢？金代理的腦袋亂成一片，立刻跑到法院複印了尹永福所提出的禁止處分紀錄，他必須清楚了解尹永福的邏輯究竟爲何。

於是金代理帶著這個問題，臉色發青地來到我面前，一臉哭相地問：「難道沒有什麼解決的辦法嗎？」尹永福沒有按時備齊尾款當然是他的問題，因此，朴會長可以告知尹永福「你並未遵守合約事項，所以合約就此解除」，但房地產買賣是雙向合約，也就是說，買方與賣方都有承擔的義務，「買方有支付餘款的義務」「賣方有交出登記轉移相關文件的義務」，兩者必須同時履行。

因此，賣方朴會長若想解除合約，不僅必須突顯「買方沒有支付尾款的事實」，還必須表示「賣方已經準備好登記轉移所需的全部文件，並且已經做好移交準備（或者表達已經將資料全部交給房地產經紀人）」。換句話說，也就是必須表明：我該做的都做了，但是你並未完成你該做的事情，所以我們應該要進行解除合約的步驟。

「看看這裡，你寄給尹永福的解除合約通知書上只寫了：『您未能在協議的支付日期內支付尾款』這樣而已。要是這下面有多寫上一行：『賣方（朴會長）已經準備好所有登記轉移所需文件，隨時準備好可以移交』，就算僅僅多這樣一句話，也能讓解除通知發揮完整效力。」

只因為漏掉了一行重要的字句，就讓整個解約通知書失去效力。以結果來論，朴會長和尹永福的合約依然有效。

這之後事情的走向為何？

尹永福一口咬定自己早已和朴會長簽訂合約，持續主張土地的所有權。房地產登記簿上的禁止處分登記也尚未移除，這讓第二位收購者權社長非常為難，他以這片土地即將轉到自己名下為由，規畫向金融機構借貸的計畫也因此泡湯。

最終，權社長以朴會長方違反合約內容為由，提出了解約通知。朴會長必須將收到的簽約金乘以兩倍（也就是三億韓元）當成違約金支付給權社長。尹永福利用從銀行貸款來的三億韓元支付了尾款，仍舊以總價十億韓元的價格接手了那片土地。就結果看來，朴會長和最初一樣，以十億韓元出售了土地。

不過由於原本能以十五億韓元的價格出售，不禁讓人感到五億的差額不翼而飛，並且現在需要額外支付權社長一億五千萬元的違約金，林林總總加起來算是損失了六億五千萬元左右。

金代理的後果又是如何？

火冒三丈的朴會長向崔代表施壓，表示如果繼續讓這種沒能力的員工擔任法務負責人，將會毀掉公司的前程，導致金代理最終不得不自請離職。

一百減一是多少？當然是九十九。不過也有一**百減一等於零的情況**。**當遇上一個小漏洞或小疏失毀掉整體大局時，就可以用這句話表達**。「一百減一等於零」又稱爲安全方程式或是服務方程式，也就是說，儘管有一百個人努力工作，只要其中有一個人闖禍，或是接到客訴，所有人的努力都會直接歸零。

原本服務業會使用「只要有百分之一的顧客抱怨，便會帶來百分之百的失敗」這樣的說法，至今則延伸到營業、行銷和行政各種社會層面上，都很常把「一百減一等於零」當成一種警惕標語。金代理便是一個活生生的例子，證明了一百減一等於零。他只是在通知書內漏掉一行文字而已，這樣的代價實在太大了。

當然這種狀況並不侷限於法律業務的處理，在你我工作的每一個細節裡，以及所有日常的人際關係上，也都隱藏著類似未爆地雷。讓我們**以「一百減一等於零」的心態回顧一下每天的工作和待人處事，只需要一次完善的整理和確認，就足以避免超出預期的大型事故和損失。**

委屈難平?!法庭上，證據才是眞相

「這樣不算竊聽嗎？應該違法吧？
這種東西也可以被當作證據提交嗎？」

我接到了一起損害賠償案件。委託人是W科技，一家專門從事程式與網站建構的SI（System Integrator，系統整合）公司。

事件內容如下：W科技從招標商D實業承攬了七億韓元規模的案子，D實業希望打造物流管理及業務效率化的管理程式。就W科技的立場來看，這是一個相當龐大的案子，因此從初期開始便費了許多心思，W科技向D實業收取了七千萬的訂金，以及一億五千萬的首批中期款項和兩億五千萬的第二批中期款項。

之後問題產生了，W科技未能遵守當初合約規定的「交期」，也沒有遵守詳細的業務規範。D實業在發送過幾次要求確實履行合約內容的存證信函後，最終選擇通知解除這份合約，同時也向首爾中央地方法院提出告訴，要求W科技歸還D實業已經支付的訂金與兩筆中期款項，一共爲四億七千萬，並要求追加支付一億的損害賠償金。

對此，W科技的立場如下：

> 我方已盡力滿足客戶需求，D實業也必須負擔讓我方能順利執行工作的責任，但對方卻沒能做到這一點。因此，D實業主張的解約應爲無效，反倒該向我方支付剩餘的兩億三千萬尾款。

在執行了承包的工作項目後，因爲最終結果不符合雙方期待而走向解約這條路的案件，在某種程度上並不少見。這種情況下，希望解除合約的D實業必須提出W科技的失責所在並拿出證據，也就是說，D實業是必須負責舉證的角色。

「負責舉證」在訴訟中是足以左右勝負的關鍵，有舉證責任的一方應提出並證明具體事實，另一方只需要針對被提出的證據進行被動防禦即可。若是負責舉證的那一方無法在法庭上提出有效證據及佐證來說服法官，那麼就只有敗訴的可能。

光就這一點看來，站在防衛角色的W科技暫時處於較爲有利的位置。D實業會先提起訴訟，就表示W科技的業務執行存在著嚴重問題、導致無法維持合約的進行，因此舉證的責任便落在D實業身上。

我問W科技的專案經理金理事：

「由於對方有舉證責任，D實業想進行訴訟並非易事。W科技眞的像對方所主張的那樣，有做錯的地方嗎？」

「律師，我們眞的很委屈，我方按照對方的指示，非常用心的準備了這個案子。這種工作項目若要順利進行，D實業必須下達明確的指示，並即時提供輔助作業的相關資料。可是他們並沒有做到該做的，卻因違反約定交付日期將責任全數推諉給我們。雖然我方並不是完全沒有失誤，但對方的問題更爲嚴重。」

金理事看起來確實受了不少委屈。

「律師，說實話這個案子對我司來說沒有太大利益，我們只是認爲這可以成爲很好的範例才接案。像這樣走到訴訟這一步，讓我們很難堪，身爲專案負責人的我在代表面前已經抬不起頭了。」

我認爲這是一起有勝算的案件。

「請不要太擔心。首先，僅從目前對方提出的訴狀看來，似乎不足以證明W科技的失誤。舉證責任是由D實業負責，因此我們只需要密切關注審判過程，進行適當的應對就行了。」

「律師，我司是眞的很委屈，請一定要協助我們獲得勝訴。」

民事審判無法光憑「主張」獲得勝利，「主張」需要靠「證明資料」來證實，才能成爲有效證據。D實業即使再怎麼主張「W科技做錯事了！」要是沒有客觀的證據佐證，也不可能站上有利的位置。我以W科技關係者的陳述爲基礎，提交了回應D實業訴狀的答辯書。

終於到了首次辯論的日期，主審法官似乎對此案件的爭議點有了明確的掌握。

「好，看來這起案件的走向將取決於原告是否能證明『被告有承擔責任的理由』，訴狀內僅提供了原告的內容主張，證據看起來不太充分。原告代理人，你們能提出足以證明被告必須負責的證據資料嗎？」

原告方的律師悄悄看了我一眼，帶著淡淡的微笑回應：

「是的，我們提出甲方第四號證據內的錄音紀錄。」

對方律師像是拿出了什麼秘密武器般，上交了佐證資料。法官便問：

「錄音紀錄？這是誰和誰之間的對話錄音呢？」

「這是原告公司的專案經理朴○○部長和被告公司的專案經理金○○理事的對話紀錄，這一段對話內容足以展現被告公司並沒有妥善進行管理專案的事實。」

「喔，這樣嗎？」

法官翻閱了錄音紀錄。那段對話究竟含括了什麼樣的內容，實在令人好奇。閱讀完錄音內容的法官開口：

「原告代理人，你應該很清楚，這樣的錄音內容並無法百分之百令人信服，請問還有其他證據嗎？」

原告方律師信心十足的回答：

「審判長說得對，因此我方以錄音內容爲基礎，爲了查明本案的實際情況，申請被告公司的金○○理事作爲證人。雖然也可以申請我方職員作爲證人，但再怎麼說，傳喚對方公司的職員前來進行證人質詢，應該更爲客觀吧？」

法官點了點頭。

「好，聽起來是這樣沒錯。那麼被告代理人，反正證人就是被告公司的職員，讓他出席下一次的審判應該不是什麼難事吧？就請他過來回答幾個問題。下一次開庭日是十一月十二日下午四點，在本法庭繼續執行。」

我感到頭暈目眩，和委託人公司專案經理的對話錄音內容，居然可以被當成證據提交？金理事顯然沒發現自己當時的對話被錄音，我不禁害怕地翻閱起錄音紀錄。

回到辦公室之後，我撥了通電話給金理事，向因爲去外縣市出差而無法出席今日審判的金理事告知開庭過程，並大致說明了錄音紀錄的內容，金理事聽完後壓抑不住憤怒：

「朴部長那個傢伙……」

我向他詢問這段對話是在什麼樣的情況下被錄製。

「應該就是那個時候吧。」

在幾個月前，金理事接到了一通朴部長的來電。

「哎呀，金理事，我把如此困難的任務交付給您，卻沒能好好和您聯絡，眞的很抱歉。」

「原來是朴部長！這是我們應該做的，反倒是我沒能正式向您問好，不好意思。」

「金理事，我這週會去W科技附近辦事，您有空的話，我想請您吃頓晚餐。可否幫我預約一間安靜的日式餐廳包廂？」

由於是招標商專案經理所提出的聚餐邀約，金理事略帶緊張的前往餐廳赴約。開始用餐前，朴部長向金理事詢問了他的故鄉、年齡、家庭關係等資訊，才發現原來兩人年紀相當，甚至大兒子也在同一年出生。

「今天與其談論一些令人頭疼的事，不如聊一下平時生活的所見所聞吧？光是在公司裡生活，好像都成了井底之蛙，我想聽金理事分享這廣闊世界裡的故事。」

金理事被朴部長寬厚的人品吸引，年近五十歲的兩人毫無隔閡的分享了彼此的人生故事，那天的酒喝起來也特別順口，酒氣上升到一定程度後，朴部長悄悄的提起了專案相關的話題。

以下引用自錄音紀錄的內容：

朴：最近聽到我們職員間的談話，金理事應該很頭疼吧？

金：什麼？你是指哪部分？

朴：聽說貴公司參與專案的人員不停被更換？最近的年輕人既不聽話、對公司也沒什麼忠誠度吧？和我們剛出社會開始工作的時候完全不一樣。

金：啊，眞是的……關於這點我無話可說。最近開發者眞的很難招募，有實力的開發人員老是想轉型以自由工作者的型態接案，工作表現還行的職員一旦收到更好的條件誘惑，便會跳槽去其他公司。

朴：我百分之百理解你的意思，有時候甚至不知道誰是上司、誰又是下屬。那麼你們都是如何聘用後續開發人員的呢？

金：我們會在求職網站上張貼招聘公告，也會四處打聽好人才，但確實不太容易。因爲如此，專案進度總是落後，眞的很抱歉。

朴：原來有這種情況啊，金理事肯定承受了很大的壓力吧？

錄音紀錄中，特別會引發爭議的內容是：

1. W科技開發部人力管理不善，能力符合當初招標標準的開發人員不斷離職；
2. 由於經常更換人力，無法持續進行業務監督，導致交期被推遲；
3. 儘管D實業的業務承辦者多次指出問題所在，W科技卻未能誠實回應。

「律師！這樣不算竊聽嗎？這應該是違法行爲吧？這種東西也可以被當作證據提交嗎？」

我先安撫了情緒激動的金理事，然後向他說明：

「這個嘛……我國的法律有些模糊地帶。如果甲方和乙方的談話內容被第三方偷偷錄音，這個舉動會構成違反《通信秘密保護法》的違法行爲，但如果是參與對話的當事人，無論甲乙方，偷偷錄下對方聲音的舉動，並沒有條款可以處罰。雖然這並不是値得鼓勵的行爲，但也並不代表需要受到刑事處分，所以在開庭時，提交先前偷偷錄下與對方對話的錄音紀錄，也是相當常見的情況。」

「原來那傢伙刻意鑽了這個漏洞，那麼我們現在應該如何是好？」

「對方希望在下次開庭時，申請金理事到場當證人。」

「好吧，我願意以證人的身分出席，並否認這些紀錄。」

不過我內心仍有些擔心的地方，於是這樣說了：

「是，好的。不過還是請您愼重考慮一下。」

另一方面，看到錄音內容的 W 科技代表理事大發雷霆，表明金理事必須在下次開庭時以證人身分出席，並且必得推翻錄音紀錄的內容。

過了大約一週左右，金理事跑來找我，他的臉上布滿了愁雲慘霧。昨天D實業的朴部長又打了電話給他，金理事轉述的通話內容大致如下：

朴：哎呀，金理事你好，是我。

金：咦？你這傢伙！你又打算錄音了嗎？

朴：不是的，怎麼會提到錄音呢？我沒打算錄音。

金：我已經知道你竊聽的事情，你真的要像這樣從背後攻擊別人嗎？等著瞧吧，我一定會出庭做證，揭穿一切眞相！

朴：對，我打來就是想和你說這件事情。金理事要是決定作爲證人出席，當天會需要進行證人宣誓，聽說宣誓後只要說謊就會構成僞證罪，我方的律師說，若是犯下僞證罪，最嚴重將被判一至兩年的重刑。

金：什麼？重刑？

朴：公司絕對不會對金理事的人生負責，所以你也沒理由參與這樣過度危險的決定吧？更何況，那天我們是在非常放鬆的狀況下聊天，那樣的錄音內容全都被記錄了，如果你說出和當時相反的言論，任誰看了都會認爲你做了僞證。

金：你這個人！現在是給我一巴掌，又再給我一顆糖嗎？

朴：不，不是那樣。我只是覺得你應該要知道實際情況比較好。

金理事一臉爲難的向我詢問：

「律師，朴部長所言都是眞的嗎？僞證罪的風險很大嗎？」

這正是我先前所擔心的部分。朴部長顯然是位非常狡猾的人，要是心臟不夠強，幾乎不可能在錄音內容已被白紙黑字記錄的狀況下，在法庭上宣誓並說出足以改變審判結果的證詞。對方律師肯定會一手拿著對話紀錄，一邊強硬的斥責證人：

「您這樣的話，會被以僞證罪起訴而受到處罰！」

金理事苦惱了好幾天，最終向公司表明自己無法作爲證人出席。據悉，W科技的代表理事在聽完金理事的解釋後，在表達理解的同時，卻也當面訓斥他身爲理事，只能用這種方式應對很不恰當，但畢竟這是攸關金理事個人的問題，也無可奈何。金理事沒能以證人身分出席，對W科技非常不利，最終法院只能將錄音內容判定爲事實。

我向法院提交了其他資料，努力進行了辯論，最後仍在一審中敗訴。雖然因爲不服一審結果而再次上訴，最終二審仍以落敗收場，錄音紀錄成了導致失敗的決定性證據。W科技不僅需要歸還簽約金、中期款項以及作業延遲所產生的利息，還需要向D實業支付約六億韓元的損害賠償金。金理事最後在審判進行途中遞交了辭職信，離開了公司。

許多人對於偷偷錄下自己與他人的對話內容後，將其作爲證據使用的作法是否正當提出了疑問。儘管如此，由於沒有懲罰這種行爲的法律規定，這部分仍屬於法律的死角地帶，相信今天在各個角落，也都有許多人爲了應付訴訟，悄悄的錄製著和你我的對話。

盡可能不要捲入訴訟是最好的解決方法。但在人生旅途中，總是有可能會發生非本意被捲入訴訟，或是需要自行提起訴訟的情況。一般人都認爲法官會深入了解每一個事件，並做出最公正的決定，不過這個想法並不正確，**法官並非全知全能的神，他們也只是參考原告和被告、雙方當事人所提交的證據來判斷誰說的話較為正確的角色**，於是訴訟的勝敗關鍵完全取決於「證據」。

在每個月都有近二十萬件民事訴訟被提出的現在，這種訴訟相關知識並非「專業領域」，而會被歸類於「常識」的範疇內。我們都必須了解，**這是一個不能夠把「常識不足」當作爭辯藉口、不容小覷的世界**。

不懂規則的人易招損

「我在經營的購物網使用了一張圖，方才收到侵犯著作權警告，對方要求繳交五百萬授權費，否則就提告，這該怎麼辦才好？」

經營化妝品購物網站的朴社長焦急地來電。近期接到不少這類的諮詢電話，大多都像這樣收到侵犯著作權的警告，業界甚至出現了光是靠發送這類警告信，就能獲得收益的律師事務所。

對方律師在要求賠償損失的同時，還會威脅如果不作出回應，就將提起刑事訴訟。接到這樣的警告，任誰都會腦袋一片空白。儘管我只聽見電話那頭的聲音，也能感受到爲人謹慎的朴社長陷入了極度的不安中。

仔細整理關於這類諮詢的對話，通常會出現下列問答內容：

提問一：「我不是用於商業目的，而是在非商業性的個人部落格上使用了該影像，這樣也算觸犯著作權嗎？」

回答一：「只要是在未經他人同意的情況下使用他人的著作，侵犯著作權的罪行便立刻成立，無須考慮是否出自於商業目的。」

提問二：「我只是使用了流傳在網路上的圖片而已，不知道圖片另有版權持有者。」

回答二：「即使不知道是否有版權持有者，也足以被認定是侵犯著作權。不知道並不能成爲藉口。」

提問三：「侵犯著作權不僅可能需要賠償民事損失，還有可能受到刑事處罰嗎？」

回答三：「是的，依照《著作權法》規定，侵犯著作權的狀況不僅有可能需要賠償民事損失，也有可能遭受到刑事處罰。」

以朴社長爲例，即使他在自己的網站上使用了他人所拍攝的影像，因此構成侵犯著作權的罪行。但是，這並不代表著作權的侵害已經成立，他就該按照對方律師的主張，立即賠償鉅額款項，而是只要在接到電話後，使用著作權法的邏輯和知識應對即可。

我請朴社長來我的辦公室一趟，冷靜地說明了今後的應對方向。

第一，首先必須表達對無意間使用了他人的著作感到抱歉。俐落大方的承認是最好的辦法，然後告知對方自己再也不會使用相關圖片，並允諾將圖片從網站上刪除。

第二，必須表明自己絕非有意爲之。因爲圖片上沒有版權標記「©」，也不是自己直接找到該張圖片，而是委託外部企業建構與管理網站，因此並不清楚是透過什麼途徑取得的影像。

第三，刑事處分只有在侵權者故意侵犯著作權的情況下才成立。但是就如之前所說，因爲強調過自己不是故意的，所以並不構成刑事處罰對象。

第四，最大的問題在於民事損害賠償。根據著作權法，損害賠償計算的標準是採用侵權者透過侵權行爲所獲得的所有利益，或是侵權行爲所導致的損失金額，因此，應該以「希望你能明確說明向我要求損失賠償的依據是什麼？以及你是如何得出這樣的計算方式？」來向著作權人詢問。一般在這個階段，對方便會感受到提出計算方式的困難。

若是因爲使用特定的影像而蒙受損失或獲利的話，利潤或損失的金額應該只會和該影像的購買價格差不多，但是著作權人卻要求支付正常購買價格的十倍或二十倍費用作爲損失賠償，甚至出言威脅——如果得不到回應，將提出刑事訴訟。像這樣不合理的要求鉅款，又表示如果不交出指定金額，就會進行刑事起訴，這樣的要求本身就可能構成刑法上的「恐嚇罪」。

因此，可以像這樣提出反駁：「若是你用正確的方式計算並告知損失金額，我將予以賠償。不過要是強行要求誇大或以不合理的方式計算損害賠償金額，並主張不配合便會進行刑事訴訟，我也將以恐嚇罪控告你們。爲了避免這種情況發生，還請提出正確的賠償請求。」

不過大部分接到警告信的人都無法給出如此有條理的回應，只能瑟瑟發抖地以「請原諒我」或是「請降低一點賠償金額吧」的方式求情。那麼發出警告的那方便會像做人情般，以逐漸降低賠償金額的方式了結案件。

寄出警告信的這些人把這樣盲目解決事情的人當作首要目標。但是像上述這樣，先把該承認的都承認後，仔細追究損害賠償金額，同時表示只要收到無理的賠償條件將以恐嚇罪進行反駁的話，就會被剔除目標名單。由於具體計算損害賠償額很麻煩，加上要求「請降低一點賠償金額吧」的侵害者更多，所以遇到這種嚴謹的對象時，多半會持保留態度或直接放棄。

解釋完上述內容，並寫了回覆對方警告的答辯書，朴社長擔心的說：「這樣送出之後，對方會不會反而惡意提高損害賠償金呢？」

我笑著回應：「絕對不可能發生那種事。這件事如果妥善解決，您就請我喝杯酒吧！」

朴社長將我寫好的答辯書寄出後，果然再也沒有收到對方的後續聯繫。也許對方已將朴社長列入「拒絕往來名單」。

法律是規範人與人之間關係的規則，但在真正了解規則的人和不了解規則的人之間，似乎存在著巨大的不均衡。雖然徹底了解規則的人利用知識威脅不清楚規則的人來獲取不當利益，是非常有問題的行為，但這樣的事情在你我周圍卻不罕見，實在令人遺憾。

在生活中，誰都有可能遇到類似的事情，但我們**千萬要銘記在心：遇到困難不要獨自苦惱，要積極向周圍尋求協助與諮詢。**不能僅因為不知情就上當吧?!

不懂得傾聽就無法看出對方的眞心

「他原本對年薪不太計較，這次卻要求提高百分之三十，是不是有什麼私人原因呢？……應該有什麼理由吧?!」

在進入第五年律師生涯時，承蒙就職的律師事務所照顧，我參與了某研究所設立的高階經理人課程。當時任職的事務所認爲，多多認識高階經理人不只能爲事務所宣傳，還有助於開發新的委託人。高階經理人的課程以每兩週一次，外加聚會的形式進行。

在開課前，先舉辦了晚餐聚會，我們這桌有五位入座，除了我，其他都是企業CEO。其中一位中小規模IT企業的朴社長吐露了他的煩惱：

「最近正在進行明年的薪水協商，最聰明的一位員工要求大幅提高年薪，讓我很頭痛。」

朴社長的職員崔科長是一位工程師，實力出眾、內部評價優良，一直是公司十分看中的人才。他的現有年薪約三千五百萬韓元，明年將上調百分之十左右。由於朴社長的公司並非團隊制，工程師都是單獨負責不同的案子、各自執行，所以平時也不追究年功序列，而是依照工作成果和社長的裁量來制定薪給標準，過去不曾出現內部紛爭而有需要特別設立敘薪制度的情況。

這次在第一次的年薪協商中，崔科長卻要求將年薪提高至前一年的百分之三十。由於近幾年協商薪資時，他都沒有提出特殊要求，這次開口讓朴社長大感意外。雖然崔科長工作表現優良是事實，但提高百分之三十的年薪可能會讓組織管理層出現問題，是必須經過詳細討論，在不傷害彼此情感下來處理的問題，於是他們決定過幾天再談。

「我很難滿足他的要求，但崔科長是我們公司不可或缺的人才，我必須好好的協商才行。前輩們，這種時候該如何是好？」

尹社長開口：

「朴社長提出上調百分之十、崔科長要求上調百分之三十，那有沒有可能折衷，協商上調在百分之二十左右呢？」

朴社長面有難色：

「其實上調至百分之二十也有困難。哎呀，沒想到居然會有需要和這位職員因爲錢而來回拉鋸的時候。」

「年薪協商都是這樣，到頭來都是錢的問題。對ＣＥＯ來說，這就是最難的問題啊。」

我們這桌年紀最長的黃社長發出感嘆後再向朴社長詢問：

「朴社長，那麼崔科長爲什麼會要求提高年薪呢？」

「什麼？理由應該很明顯吧？因爲他對公司做出了貢獻，所以希望得到相應的待遇。」

「你是不是沒有具體問過他爲什麼要求加薪？」

「員工要求加薪的理由不是就那些嗎？我不認爲有需要過問，問了感覺會變得更尷尬……」

「朴社長，你說崔科長原本對年薪不太計較，對吧？這次卻要求提高百分之三十的年薪，是不是有什麼私人原因呢？也許是從競爭公司那裡接到了挖角提議，或是家裡突然急需用錢，如果都不是的話，也許是和擁有同樣性質工作的朋友比較過年薪後，產生了相對剝奪感……應該有什麼理由吧?!」

經黃社長一來一往地深掘問題後，朴社長終於點頭表示認同。黃社長接著說：

「要是光就百分之十或百分之三十的數字拉鋸，協商就會變得困難。你就別再糾結了，換個方式盡量在輕鬆的氣氛下問問他爲何要求加薪，問了之後也許會聽到意外的回答。如果你的公司非得留下那位職員不可，就試試看吧。」

朴社長點了點頭，答應會嘗試看看。

幾天後，朴社長打了電話給我，表示有法律上的問題想要諮詢。朴社長首先和我分享了他與崔科長的對話內容：在第二次年薪協商時，朴社長努力地軟化氣氛，告訴崔科長自己很清楚他一直以來爲公司的奉獻和努力，並對此表達感謝，然後小心翼翼地問了：

「最近你家裡有發生什麼事嗎？」

崔科長猶豫了一下，便說出了事情的原委。他近來爲了自己國小四年級的女兒非常苦惱，因爲發現原來女兒在學校長期被同學孤立，夫妻倆也爲沒注意到女兒所承受的痛苦而感到自責，在和班主任討論過後，也沒能得到杜絕霸凌的解決辦法。由於帶頭孤立的學生有好幾名，所以就算老師一再提醒，問題還是持續發生。在無法全然避免下，最後討論出最好的解決辦法就是轉學。

崔科長夫婦也認爲繼續讓孩子就讀這間學校不妥當，但是轉學的話，他們就得搬家。問題是，新租屋處的全年租金比目前的居住所高出約兩千萬韓元，儘管這筆錢應該能靠貸款解決，但是無論如何，各方面的開銷會隨之提高，只靠現有的年薪生活會很辛苦，所以如果這次調薪不能解決困境，崔科長會考慮換工作。

朴社長思考了一下。崔科長需要透過貸款來籌集租金，若是經由公司主要往來銀行借貸，應該可以用更優惠的利率取得貸款，透過管理部了解消息後得知，公司如果出面作保，崔科長確實能以最低利率獲得銀行貸款。但是公司無緣無故爲崔科長的個人債務作保，在法律上可能會造成問題，於是他前來向我諮詢這件事該如何妥善處理。

我建議他的公司可以和崔科長簽訂一份合約，內容必須含括下列兩項：

首先，公司會對崔科長的銀行貸款進行連帶保證；

再者，崔科長須以此作爲保證，之後若無法繳納貸款，或出現難以支付利息的狀況，就得從公司支付的薪水或從退休金中直接抵扣貸款滯納金。

「崔科長當下急需使用的錢，包含租金差額大約是兩千五百萬韓元。事實上，光是提高百分之三十的年薪，一年多拿到一千萬元也不能馬上解決問題。當前也很難找到年薪更高的公司，何況我們公司營運至今已經打下了一定基礎，要打掉重練，他本人也會感到非常遺憾吧，於是我便用可以協助貸款的方式和他談，崔科長的反應聽起來還不錯。」

我自己也有女兒，所以能夠體會崔科長的心情有多麼痛苦。剛好我的委託人中，有專門從事學生心理諮詢的醫生，經聯絡過後，發現有符合崔科長家人情況的門診診療課程，父母和孩子可以一同前往接受諮詢，費用是一次十五萬、一共三次總計爲四十五萬的療程，不過由於是透過我介紹，所以只需支付三十萬即可。我向朴社長推薦了那間診所，朴社長表示自己會負擔所有費用，建議崔科長可以帶家人一起去諮詢。

崔科長帶著家人和女兒造訪了診所，崔氏夫妻在參與課程的期間終於能夠深入了解女兒有著什麼樣的煩惱、懷抱著什麼樣的夢想。雖然被孤立是一件令人心痛的事情，但藉此契機，親子關係也變得更加緊密了。

兩週後，在高階經理人課程的聚會上，朴社長分享了後續狀況：

「崔科長的夫人寫了封信給我，她說眞的非常感謝，讓我流下了淚水。」

「所以最後你幫他調升了多少年薪？」

尹社長提出了大家最關心的問題，朴社長笑著說：

「在彼此都滿意的範圍內，我們笑著解決了這個問題。我眞的非常開心，黃社長給了我這麼好的建議，眞的非常感謝您。」

這件事也讓我大開眼界。律師在與委託人進行商談時，傾向於集中於案件本身，但是坐在眼前的對象卻不是事件，而是一位位活生生的人。因爲每個人的想法和價值觀都不一樣，所以不能拿出刻板的解決方案，而要提出符合每個人取向和情況的解決方案。於是爲了達成協議，我們必須經常提問：你現在的心情如何？你希望怎麼做？因爲委託人所說的話就是「考卷」，必須準確的了解題目，才能給出最合適的解答。

從**今天開始改變對話方式吧！在說自己的事之前，先詢問對方的想法或意見，然後傾聽對方的回答**。只要試著先這樣做一個月就好，在獲得對方大量資訊的同時，你也會被形塑成深思熟慮的人。

「**說話是知識的領域，聆聽則是智慧的領域**。」在這瞬間，法學家奧利弗·溫德爾·霍姆斯的話令我感同身受。

堅守原則和信念！被判刑也不妥協？

「曺律師，如果李承哲順利進入我們公司後，又引發問題，例如無法控制憤怒而毆打人，你願意寫一份保證書並負起全部責任嗎？」

承哲是我出社會後偶然認識的晚輩，在一間中堅企業的資金部門工作。五年前，他被一起小型刑事案件困擾，來找我幫忙。

「還是選擇和解吧。」

我建議承哲與對方和解，但他意志非常堅決。

「前輩，又不是我先犯錯，是對方惹出的事端，我爲什麼要像加害者一樣和他達成協議？我認爲這樣違反了社會正義。」

哇，他居然提及了社會正義……承哲眞不愧是原則主義者。

「我能理解你的心情，但現在是對方受了傷，且已提交診斷書的狀態，對你非常不利。」

「前輩，如果分析前後脈絡的話，你也知道加害者不是我，而是對方吧。」

事件經過是這樣的：住在公寓大樓五樓的承哲有五歲和三歲的兩個兒子。在某個星期天晚上，承哲夫婦將兩個孩子留在家中，去了一躺市場，回家時發現大門敞開，住在四樓的金恆來進到承哲的家，而他的兩名兒子正遭受體罰，舉著雙手跪在地上。

平時就有耳聞住在四樓的住戶精神狀態異常，大樓居民之間議論紛紛。當他們在自己家裡看見那個人時，嚇了一大跳，趕緊詢問對方究竟是怎麼回事？金恆來語無倫次地說：「我按了門鈴，孩子們幫我開了門。我向他們要一杯水喝，但他們不給我，所以我就教訓他們。」

承哲生氣的強烈表示不滿：「你爲什麼隨便進到沒有大人在家的房子？」金恆來回應：「難道你看不起我嗎？」並向他揮舞拳頭，承哲爲了躲避對方的攻擊，低頭閃開後推了他一把。金恆來被推開後跌倒在地，頭部撞到了地板，醫院診斷結果顯示為腦震盪，需要三週才能痊癒。對方以傷害罪起訴承哲，對此，承哲也以侵入住居罪反告金恆來。

就警方的角度來說，因為金恆來的精神狀況有問題，他們建議承哲取消告訴，以能夠圓滿達成和解的方式進行。我也認為能夠互相協調、相互取消告訴的狀態最為理想。但身為虔誠基督徒兼原則主義者的承哲強烈反對這項提議，表示這樣妥協是不對的。

「承哲，我明白你的想法。只是有些事情能避開還是比較好的，我們也不一定是因為害怕才要躲開啊。」

雖然我想盡辦法說服他，但承哲還是拒絕和解。最終，他因傷害罪被判處罰金七十萬韓元，金恆來則因侵入住居罪被判五十萬韓元，案件就此終結。

這起事件彷彿就這樣被遺忘，直到一年後的某一天，我接到承哲的電話，聲音聽起來非常著急。

「前輩，我該怎麼辦？出大事了，我現在眼前一片黑。」

承哲的公司因爲代表理事錯誤的投資決定而使公司陷入資金困難，在六個月前已申請破產處置，於是承哲不得不離職。

那之後，他千方百計努力求職，終於透過獵人頭公司得知德商Z公司在招聘資金部門負責人的徵才消息並遞交履歷。經過一番激烈競爭，承哲順利通過書面審查與面試。Z公司提供的年薪比他之前的公司高出許多，還能讓他發揮擅長的外語能力，對他來說在許多方面都非常理想。

問題出在最後的身分調查階段，該公司對承哲進行了幾個確認程序，其中有一項是詢問：「是否曾受過刑事處罰？」對於一般私營企業來說，很難掌握是否受過刑事處分的確切證據，其實承哲也可以說謊帶過，但是「正直的眞男人」承哲並沒有隱瞞自己曾被判處傷害罪而罰款七十萬的事實。雖然曾經遭受處分，他相信只要好好說明前因後果，就足以說服人事負責人，不過該公司的人事部經理卻有著完全不同的看法。

「我們公司不能錄用有暴力及傷害前科的人。」

承哲很著急：

「當時我如果遵照前輩的意見達成和解，就不會有這種事情發生了，我眞的後悔莫及。有沒有什麼辦法能向這間公司好好說明，讓我可以順利入職呢？面試都已經通過了，卻發生這種事……我眞的太冤枉了。」

爲人父母，連續六個月沒有領薪水的生活有多痛苦，我想無需贅言，但我也實在不知道該如何幫他度過這個難關。

我決定親自接洽Z公司，向承哲要了Z公司負責理事的電話號碼。承哲看到我願意爲他發聲，眼裡滿是期待，我深呼吸後撥了電話：

「請問是安理事嗎？您好，我是曺祐誠律師，我想和您討論關於李承哲的問題。」

安理事沉著的聽我解釋，我向他說明了承哲是無辜被捲入事端，那其實並不是很嚴重的案件。

他聽我說明了老半天後，提出了疑問：

「不好意思，請問曺律師和李承哲是什麼關係？單純是律師和委託人的關係嗎？」

「這個嘛……與其說是律師和委託人的關係，說是出社會後認識的前後輩比較恰當。當時的事件我也並非收到正式的委託處理，只是爲熟人進行諮詢罷了。」

我坦率地說明。

「那麼您現在的說明也並非正式意見對嗎？若是以律師的身分，正式受理案件的情況還說得過去，但如果只是單純以個人交情協助處理的話，我會認爲曺律師的評價也許有所偏頗。」

我心想：「糟糕，我失誤了。」背後不斷冒出冷汗。

安理事接著說：

「無論如何，很謝謝您的詳細說明，但我們公司的方針就是如此，所以對於李承哲的事情，我很遺憾無法給出您想聽到的答覆。」

也許因爲是外商，針對刑事前科的處理特別嚴格。一直抱著期待在旁邊守著的承哲感到非常沮喪，要再重新求職少說還得花上好幾個月的時間。似乎因爲我的回答錯誤，讓事情變得更棘手了，我感到非常自責。

但這同時也點燃了我的傲氣，我記下承哲拿給我的名片上安理事的電郵地址。好吧，反正也不會吃虧。我抱著也沒什麼可失去的心情，當天晚上就寫了一封信給安理事。

安理事啓：

我是方才打電話問候過您的曺祐誠律師，聯繫得很唐突，感謝您仍舊親切的回應。

承哲是我很珍惜的晚輩，所以想再麻煩您考慮一下，於是寫了這封信。很抱歉造成您的困擾，但請以寬闊的心胸閱讀這封信，謝謝。

儘管我在社會上見識過各式各樣的人，承哲真的非常特別，和最近的年輕人不同，他是一位既固執又堅持自我原則的人，之所以會有這次引發問題的刑事案件，也是因為這種固執所導致。

事件內容的總結如下：患有精神疾病的樓下鄰居在承哲夫妻不在家

時，突然上樓威脅他們三歲和五歲的孩子，這件事被承哲撞見，在反抗的過程中發生了意外。若是仔細分析，承哲其實很難被認定為加害者，但在刑事程序上，無論原因為何，都會將身上留有傷口的人認定為受害者，這樣的法律多少有些不合理的地方，在此事件中也不例外。樓下鄰居被承哲推開後受了傷、開立診斷書後提出告訴，問題也隨之擴大。

在事情變成刑事案件後，警察勸導雙方進行和解並終結此案，而我也給了承哲相同的建議，不過承哲表示那樣違背自己的良心而拒絕和解，最終雙方都被判處罰鍰。

我認為承哲有些過度死板，一般人通常會選擇和受害者達成適當的協議，避免成為有前科的人。不過承哲對於是非對錯的主見非常明確，所以即使自己會成為需要支付罰金的前科者，他也不願意做出不正當的妥協。

安理事，據我所知，承哲投遞履歷的是貴司的資金部門。資金部門的職員最需要保有遵守規則和紀律、不輕易妥協的特質吧？就我多年來對他的觀察，承哲具有與該職務相符的資格和品德。

我和承哲之間並無任何利害關係，就算承哲成功就業，我也不會獲得任何佣金；我們也不是親戚，但身為人生的前輩，看著承哲手中這麼好的機會也許會就此溜走，實在非常可惜，所以才會寫這封信。如果您對這起刑事案件還有任何疑問，我可以隨時為您解惑。

我的手機號碼是：010-XXXX-XXXX。

感謝您閱讀這麼長的信件。

真心支持承哲的曺祐誠　敬上

一口氣寫完這封信後，我按下了傳送鍵。

隔天，安理事打電話來說想見我一面。我於當天下午前往Z公司和安理事碰了面，安理事再次詢問了關於承哲的刑事案件內容，我盡可能詳細的進行說明。一邊聽我的說明、一邊仔細做著筆記的安理事突然說出了這樣的提議：

「曺律師，那麼如果李承哲順利進入我們公司後，又引發什麼問題的話，例如因爲無法控制憤怒而毆打某人，你願意寫一份保證書給我，表示願意負起全部責任嗎？」

他是要我寫一份身家擔保的意思嗎？由我來寫嗎？我認爲這個要求有些過分，怎麼會要我「負責」？這要是被我妻子知道，肯定不是鬧著玩的。我見過無數爲他人作保而捲入各種法律紛爭的委託人，甚至也不是爲親兄弟，而是爲出社會後才認識的晚輩作保？我陷入苦惱。

「你感到壓力很大對吧？」

安理事面帶微妙的笑容說著。

啊，眞是的。都走到這一步了，不可能推託。哎呀，我不管了。難道眞的會發生什麼事嗎？承哲是很值得信賴的朋友啊。

「好，給我吧。我會寫的。」

安理事目不轉睛地看著我，沉默了好一陣子，然後拿著手中的筆記站了起來，對我比出「算了」的手勢。

「我只是說說而已，不用了。」

三天後，承哲接到了Z公司的錄取通知。後來從承哲那裡聽說，人事負責人向總公司報告，有一位與他沒有利害關係的律師出面向公司發送郵件，甚至親自到公司來說明情況，於是總公司給出了「能做到這種程度的話，他應該不是會製造事端的人」這樣的內部評價，承哲含著淚給了我一個深深的擁抱。

時間過了很久，我突然好奇承哲過得如何。因爲忙碌於各自的生活，所以我們不常聯繫，在不景氣下，近來公司間普遍的狀況都不太好，於是我打電話問問他的公司最近怎麼樣了。承哲的聲音聽起來充滿朝氣，在他剛入職時，Z公司在國內的排名是業界第五，現在已經爬升到第二名，承哲也晉升爲會計組長。

「前輩，我本來想盡量把公司的案件推到您的法律事務所進行，但因爲是外商，所以總公司要求一定要委託金與張事務所。哎，眞是不好意思。」

我只是笑笑回應，在心裡說：

「這年輕人眞不錯，不用引薦案子給我也沒關係，在最近這種時候公司還能表現優異，我已經深感欣慰。」

能夠懷抱著這樣滿足的心情過日子的人生，眞的很不錯。

不過我怎麼會如此大膽，願意爲他做身家擔保呢？難道只是虛張聲勢嗎？仔細想想，好像也不完全是那樣。我有很明確的理由，因爲承哲平時的行事作風足以讓我信任，而我也對自己所觀察到的承哲做出了綜合評價。他原本就是一位原則主義者，而且是很有禮貌的人，所以我確定他不會做出什麼不好的事情。如果不是原本就抱持這種信任，我也不會答應爲他作保。

平時我在周圍朋友眼中是什麼樣的人、有著什麼樣的形象，這些在決定性的瞬間都會產生影響，所以怎麼能夠隨意地說話和行動呢？

一封比律師函更強而有力的感謝信

「我因為曾發出錯誤的律師函，讓情況變得更複雜……
原以為對方會被律師函嚇到，其實非也，簡直就像火上澆油。」

這是好幾年前的事了。

當時我接到一通大學同學的來電，將他的親妹妹正經歷的事件託付給我。這位同學的妹妹在位於議政府市的某棟建築物二樓經營鋼琴補習班，因爲丈夫突然被調職到大田，所以不得不搬家。正好原本爲期兩年的租賃合約到期，在照會房東要搬家並撤走行李後，也順利簽訂了即將成爲新生活據點的大田房屋合約。若是依照原本的協議，租賃人在合約期滿時就得歸還房租押金，但房東表示「希望等到下一位承租人出現，收到押金後再歸還」，於是至今尚未返還押金。

同學的妹妹——金郁盛小姐露出了焦急的神色。

「房東應該返還的押金是四千萬，我們需要這筆押金加上銀行貸款才能支付大田房子的中期款和餘額，房東卻遲遲不肯退還押金，這點令人非常擔心。如果在兩週內無法籌到錢，我們就會因爲違反合約，損失大田房子的押金兩千萬元。我們已經多次提出抗議，對方卻持續裝聾作啞。律師，若是用您的名義寫封態度強硬的律師函，是否能夠嚇嚇房東，讓他退錢呢？」

就法律來看，這起案件並不複雜。租賃時間早已期滿，承租者也已騰出房子，卻沒有收到押金，因此只要表明這是違反合約的行爲，並寄送要求返還押金的警告通知就可以了。

「好，我明白了。我會立刻撰寫律師函，以我們事務所的名義向對方發送存證信函。」

我回到辦公室，在二十分鐘內製作好律師函，並請秘書發送存證信函，便和一起工作的律師同事們一起去用餐了。

午餐席間，房地產組的鄭律師在分享自己的經驗時，搖了搖頭。

「我因爲曾發出錯誤的律師函，讓情況變得更複雜，哎呀……」

依照委託人的要求，以律師名義發出損害賠償申請和刑事告訴的律師函，這種警告動作反而刺激了對方的自尊心，最後演變成意氣用事的戰爭。也就是說，問題並沒有順利得到解決，反倒擴大了紛爭，越拖越久。

「原本以爲對方會被律師函嚇到，但其實並非如此，簡直就像往火上澆油一樣。」

聽了這段話的前輩朴律師笑說：

「律師函也要看對象發送，有些人會怕，有些人卻不會。即使只是按照委託人的意思執行，若是不能順利處理，最後被罵的還是律師。」

聽他們這麼說，我深感不妙，趕緊打電話給秘書：

「惠敏，我剛才說的存證信函，妳去郵局寄送了嗎？不好意思，要請妳立刻去一趟郵局，說是寄送錯誤先把信件拿回來。」

我意識到自己尚未掌握房東的個性就打算寄出律師函太貿然了，於是打了電話給金郁盛，希望她下午可以來事務所一趟。

「妳可以從頭開始、詳細的說明一下這件事嗎？那位房東是什麼樣的人呢？」
金郁盛歪著頭思考，有條不紊的進行說明。房東是在建築物一樓經營超市的五十多歲男性，同時也是該區的里長，是一位只要有問題就會幫忙解決、積極出面進行仲裁的角色。聽說他非常喜歡喝酒，也積極參與里民足球隊晨練，個性精打細算，還擁有另一小棟建築物，在外縣市也有一大塊土地，並不是缺錢之人。
因爲想更深入了解，於是我再問：
「剛入住時，你們和房東的關係如何？」
「一開始相處得不錯，房東先生一聽到自己名下的建築物將有鋼琴學苑入駐，很開心這棟大樓的檔次得以提升。他時不時也會進來教室晃晃，問我們有沒有需要幫忙的地方……」
金郁盛之所以選擇這個地點承租，是看上大樓的管理乾淨俐落，其中房東勤奮的性格也起到一定的作用。
「你們和房東的關係一直維持得很好嗎？還是有出現什麼破裂的契機？」
聽完我的疑問，金郁盛沉思了一會兒，這樣回答：

「房東經常來訪，並問過我像他這樣不懂音樂的人也可以學鋼琴嗎？嗯……回想起來，好像眞的有和房東變得尷尬的契機。他時常來學苑查看各種情況，會穿著破舊的夾克外套叮叮咚咚的玩琴，這點令我有些介意。當然我也明白對方沒有惡意，只是被學生看到不太恰當，我很努力想維持鋼琴學苑的高級氛圍，對室內裝潢也費盡心思。有一天，我語帶嚴肅的告訴他：『希望以後非必要情況，請不要出入學苑。』我想就是從那之後，彼此連招呼都不太打，關係變得生疏了。」

雖然一次都沒見過面，但我可以在腦海中勾勒出這位房東的形象。於是我對金郁盛說：

「比起發送律師函，我們要不要嘗試以別的方式進行？直接寄送律師函也許只會讓情況變得更複雜。」

「但是如果收到以律師名義發送的警告，房東的態度會不會直接改變呢？」

「依照金小姐所說，這位房東不像是缺錢的人。像這樣不甘願輕易退還押金的狀態，比較像是帶著『讓妳受點教訓看看』這樣的居心。從房東的立場看來，遲給押金只需要負擔一些利息，但是金小姐如果不能在兩週內籌齊款項，就會失去那筆簽約金不是嗎？」

「畢竟是有錢人，的確不會因爲需要多付利息而感到害怕。」

「雖然只是我的推測，但這位房東也許覺得被金小姐輕視了。『是嗎？妳看不起我嗎？好啊。』抱著這樣的居心，便不願意配合妳遇上的緊急狀況。」

「那麼……我該如何是好？」

「嗯……多虧房東把大樓管理得很好，才能讓鋼琴學苑維持良好的營運，丈夫也跟著被派發到更好的地方工作。房東老是進出學苑也不是出自惡意，所以不如寫一封能感動他的感謝信如何？」

「那麼做的話，反而會被抓住弱點吧？」

「若是這麼做行不通的話，到時候再寄律師函進行訴訟吧！反正從訴訟開始到結束至少需要六個月的時間，而金小姐在兩週內就急需用錢，不如就先試試這個方法吧。」

那晚回家後，金郁盛立刻寫了一封感謝信。寫著寫著，對於房東的感謝之情油然而生，光是轉達信件好像不太足夠，便把從學生家長那裡收到的三張禮券一起包進信封內，隔天前去拜訪了房東。

在一樓超市櫃檯的房東看到金郁盛後嚇了一跳，態度明顯保持警戒。金郁盛一邊遞上信和禮券一邊說：「這段時間謝謝您。」和房東道別後，她便悠然的離開了超市。

之後的發展究竟會怎麼樣呢？和金郁盛同樣焦急的人就是我。雖說讓遊子脫去衣服的不是北風而是溫暖的陽光，但我實在好奇這樣《伊索寓言》般的處理方式究竟行不行得通。

在金郁盛送出感謝信的三天後，房東歸還了四千萬押金，而且還多匯了五十萬的搬家費用給她。

「是我考慮得不夠周全，原來他不是壞人，反而是位很好的人。」

對於房東的關照充滿感激的金郁盛也向我表達了感謝之情。那天之後，我又增加了一個在同事們面前可以自吹自擂的素材。

「你們聽說了嗎？那封比律師函還更強而有力的感謝信！這種程度才算是律師

啊……」

雖然法律是解決紛爭的有效手段，但同時也是「強制性」的方法。因此，如果濫用這種方法，反而會擴大雙方的矛盾。

「依法處理吧。」

不過明智的人並不會輕易採取法律手段，反而會把焦點放在人身上。與其將精力集中於解決紛爭的「手段」上，不如更關心同樣陷入糾紛的「另一方」；與其被問題本身埋沒，不如把精力集中在處理問題的核心人物上，這麼一來，也許會發現意想不到的解決方法。

被誘惑動搖的高中班長

「我當時沒勇氣說出口。想到每個月的薪水、附帶司機的公務車與公司信用卡都可能離我而去，我就無法爽快的挺身而出……」

吳宰英（五十歲）在仁川經營維修工廠多年，主要接受企業訂製、鑄造模具，也製作產品出售。技藝出眾的他對發明新事物非常感興趣，經長時間的摸索與測試後，終於研發出提升汽車引擎制動器性能的劃時代裝置，通過了數次現場測試後，效果卓越。

透過朋友引薦，他與K公司負責人見面並介紹了自己的產品。K公司年營業額高達三兆韓元，是制動器零件業界最知名的公司。起初，K公司因爲是小型公司的提案所以沒太在意，但負責本案的次長在仔細審視內容、與吳宰英多次會面後改變了想法，他認爲這項技術已經達到能夠應用在新車上的水平。

於是合作進度突飛猛進，K公司爲了簽署技術移轉與協力製造的合約，與吳宰英進行了協商。K公司提出的方案是支付一次性七億韓元的技術授權費，之後每販售出使用了該技術的產品時，再支付百分之五的利潤作爲專利權利金，K公司甚至不主張獨家使用權，明確約定不會干涉吳宰英自行製造並銷售給其他企業。

這樣的條件非常好。吳宰英這一生只經營過小規模的維修廠，一想到這次能夠發展出一番事業就充滿了期待。K公司詢問吳宰英是否擁有該技術的專利，但是他並沒有特別申請專利，於是K公司告訴他，若未擁有專利就無法對第三方行使獨占權，因此建議吳宰英申請該技術的專利權。

吳宰英與專利代理人見面討論，承辦代理人搜尋了是否有與他的技術相同或相似的技術已經預先申請或註冊專利，令人驚訝的是，他們發現一年前已經有幾乎一模一樣的技術遞交了專利申請，並在最近成功註冊。

專利所有權人是C公司，吳宰英對C公司一無所知，不清楚這究竟是怎麼回事而感到不知所措。K公司得知此消息後，表示很難與吳宰英繼續合作下去，只能與擁有專利權的C公司接觸。K公司與C公司取得聯絡，C公司在與K公司進行了幾次會議後，決定以將專利授權給K公司的方式共同合作。

這有如晴天霹靂的消息令吳宰英感到悵然若失，他找到我，向我諮詢這個問題是否有解決的方法。專利和商標的使用權皆是由率先申請並註冊成功的人持有，縱使身爲原始發明者，若是沒有確實掌握專利權，理所當然會被專利持有者給比下去。從需要將該技術商用化的K公司立場看來，只能與保有專利權的公司進行合作。

「沒有比較好的解決辦法。」

我向吳宰英解釋，儘管很委屈，但也別無他法。「如果你下一次又發明了其他新技術，一定要先申請專利。」我只能給出這樣爲時已晚的建議。吳宰英在聽完我的說明之後，還是鍥而不捨地繼續調查登記爲專利持有權人的C公司，結果發現C公司的副社長兼經營顧問正是自己的高中同學。

「即使你的高中同學是C公司的副社長兼經營顧問，也已經無法改變現況了，社長。」

我試圖安撫帶著激動情緒前來找我的吳宰英，不過在聽完詳細的說明後，我也意識到這並不是可以直接忽視的問題。

一年半前，吳宰英與高中同學金政勳在自己的維修廠辦公室見面。金政勳在高中時期曾擔任班長並且一直維持全校第一名，相反地，吳宰英性格內向、成績也不算好，和同學們相處得並不融洽，不過金政勳卻一直很照顧吳宰英。

自一流大學畢業、進入韓國首屈一指的S集團後便步步高升的金政勳，因爲下屬不光彩的貪汙事件、背負連帶責任而必須遞交辭呈。他在一邊尋找新的工作機會，一邊和不同人見面的過程中，來到了吳宰英的維修廠。

「因爲想要炫耀，我給那位朋友看了這項技術相關的創意筆記和當時已完成的設計圖。因爲政勳同樣是畢業於機械科系，所以對我的技術展現了極大的興趣。」

政勳一邊說著如果自己想到其他點子的話，會幫忙一起完善這項技術，一邊用手機將筆記和設計圖都拍了下來。

「你確定這位朋友當時用手機拍下了創意筆記和設計圖嗎？」

「坦白說我有些不太確定，只是隱約留下這樣的印象。」

隱約留下這樣的印象……只憑這點說詞很難在未來正式提出抗爭時，以此作爲我方主張的舉證。

「如果那位朋友拍攝了我的創意筆記和設計圖，並讓 C 公司以此爲根據申請了專利的話，會發生什麼事呢？」

我仔細查看了專利法，僅有原始發明者能享有獲得專利之權利（專利法第三十三條第一項），發明者以外之人若以不當手段獲得專利權，該專利則會被判定爲無效（專利法第三十三條第一項第二款），專利若因此無效，正當權利者得以將已註冊之錯誤專利的初次申請時間視爲本人提出之申請（專利法第三十五條）。只要能證明金政勳將吳宰英的創意轉交給 C 公司，C 公司又以此技術申請了專利，那麼吳宰英就能在 C 公司的專利無效後（專利無效審判），將專利奪回。只是問題在於，金政勳是否願意承認自己竊取了吳宰英的創意。

「我去和政勳碰個面吧，我得問問他這究竟是怎麼回事。」

兩位老朋友的對話究竟會如何進行，我感到非常好奇。幾天後，吳宰英在電話中告訴我結果，金政勳是這麼說的：當時他並沒有拍照，也不記得自己有認眞看過設計圖。C公司也有研發人員，他認爲是他們公司自己研發的技術，事情變成這樣他也深感遺憾。

「他說的是實話嗎？」

「就我的感覺來說……那傢伙肯定有拍照片。因爲政勳不太會說謊，所以滿明顯的。」

我向吳宰英說明可以用不當競爭防治法，對金政勳提出侵害商業機密的刑事訴訟。透過扣押搜查等方式，強制取得金政勳手機內的照片和C公司內部資料。

「哎呀，我不太想做到那種程度，我沒辦法對朋友提起訴訟。政勳目前在公司好像受到很好的待遇……算了吧。」

吳宰英的表情看起來似乎百感交集。

這之後的某一天，吳宰英和金政勳一起拜訪了我的辦公室，這讓我大吃一驚。

從金政勳的表情中可以明顯看出這段時間苦思的痕跡。

「我會誠實的全都告訴您。」

如同吳宰英所預測的那樣，金政勳在一年半前於吳宰英的維修廠對創意筆記和設計圖內容產生了濃厚的興趣，並抱持著之後能給予修改建議的想法，以手機翻拍了眼前的創意。

之後他便被C公司挖角，當上了副社長兼經營顧問。當時C公司正為了汽車零件相關的幾個新事業苦惱，金政勳作為被挖角的人，有著必須為公司做出貢獻的負擔，他一邊說著「我朋友有這樣的想法」，一邊將手機中的照片展示給C公司的金代表看。在那之後C公司便以該創意作為雛形進行研發，甚至還申請了專利，這件事連金政勳也不知情。也就是說，這一切都是經由C公司的金代表指示而進行的。

「但聽說您上次表示自己沒有拍照片……」

「我當時沒有勇氣說出口，因為公司正與K公司攜手合作中，事已至此也無法翻盤了。而且一想到每個月如期發放的薪水、附帶司機的公務車與公司信用卡都有可能會離我而去，我就無法爽快的挺身而出。公司內部也有無聲的壓力，但是……和宰英見面後我感到非常痛苦，當時拍的照片還保存在我的電腦裡，我會提交必要的確認文件，也會出面作證。」

對金政勳來說，坦承這件事需要付出相當大的代價，吳宰英表情複雜的坐在一旁不發一語。

「金副社長，這麼一來您未來就很難繼續在 C 公司工作了。」

「我已經做好心理準備，也想要稍微休息一下了。」

我從金政勳那裡獲得了相關證據，也收到記載了全部內容的確認文件，金政勳對 C 公司遞出了辭呈。因爲是核心證人金政勳做出良心宣言的情況，顯然對 C 公司來說將是一場沒有勝算的戰爭，於是我判斷沒有必要以 C 公司爲對象提出專利無效的審判，而是發送了要求 C 公司如實說明情況並轉讓專利的律師函。

於是我方接到了 C 公司希望協商的提案。C 公司表示，無論如何金政勳爲公司帶來了損害，這部分沒有辦法就這樣略過；吳宰英則提出了希望能讓 C 公司免去對金政勳追究責任的請求。

最後雙方達成了以下協議：

1. C公司願意將該專利權轉讓給吳宰英先生。
2. 考量至今因C公司持有專利權之故，具有阻擋其他發明者申請專利的功勞，吳宰英將藉由此專利所獲得之事業收益的百分之三十作為專利費用支付給C公司。
3. C公司將不會對金政動採取任何民事與刑事訴訟。

獲得專利轉讓的吳宰英和K公司簽訂了技術移轉與合作契約，K公司決定量產相關零件並使用於國產商用車上。吳宰英則結束了長久以來的維修廠生計，成立了新公司。

不過吳宰英的下一步更讓人驚訝，吳宰英在公司內規畫了比社長室更大的副社長室，並聘請金政勳入職。吳宰英本人繼續進行技術開發，經營的部分則委託給朋友政勳進行，就像下過雨後的土地會更加堅韌一般，兩人以更加堅定的心，同心協力一起奮鬥。

任誰都可能因爲被眼前的利益誘惑，而做出背棄道義的事。只要是人，尤其是一家之主，更不可能不受這種誘惑所影響。但是，希望在動搖的那一瞬間，各位的腦海能浮現一個問題：若是臣服於誘惑，會發生什麼事情呢？

認爲自己的東西被以不正當手段搶走的人，永遠都不會忘記這件事，也會爲了那已經無法挽回的過去，深陷於該如何對付搶走自己東西的人的苦惱中。支撐著他們的力量是憤怒，因爲憤怒而產生的力量是非常驚人的。我長年看到非常多因爲這樣的憤怒而努力不懈的起訴、打官司，只爲要求損害賠償的人。

但幾乎沒有見過像吳宰英那樣原諒並接受一切結果的人。若是**因爲那一秒的動搖而一腳踏入誘惑中，很有可能會失去目前所擁有的一切——你的事業、家庭及人生**。不正當的誘惑從一開始就不屬於我——這點必須銘記在心。「智慧」一定得很了不起嗎？只要**不爲不屬於我的東西動搖，也許就是能在這個世界上好好生活的眞正智慧。**

就算被迫當壞人，也要明智地全力以赴

「非自願離職，被我送走的人這麼多，我哪有臉為了自己的存活與公司惡言相向？都是我自食惡果罷了。」

K公司是擁有兩百名員工規模的汽車零件製造商，擔任代表理事的創辦人突然腦溢血倒下後，目前由年紀不到四十歲的兒子接手經營。金部長是已經在K公司任職第十五年的人事部長。某一天，創辦人的兒子崔代表召喚了金部長：

「部長，我有件緊急的事情想和你討論，是有點敏感的話題……」

崔代表說起自從創辦人倒下後，K公司面臨了許多問題，作爲兒子的他爲了公司的生存，從各個方面尋找出路後，獲得了引入規模約兩百億韓元的投資機會。

「像我們這樣的製造業很難吸引外部資金挹注，不過我在美國留學時認識的學長在私募股權基金公司工作，我們聊了很多，他說只要加上幾種商業模式，公司就能起死回生，因此有投資我們公司的想法。

這眞是個好消息。不過對方指出，目前唯一的問題是 K 公司的員工人數實在太多了。

「私募基金方要求我們裁掉至少五十名員工，以減少不必要的人力支出。其實按照私募基金的想法，目前我們的員工也不太符合新事業模式的需求。」

崔代表拿出了名單。

「這段時間我私底下委託了顧問公司。這是裁員名單，一共有五十人。」

金部長爲了此事前來找我諮詢，討論該以什麼樣的方式勸退裁員名單上的員工。當時很難認定 K 公司在經營上有急迫的困難，因此並不是能以符合勞動基準法所認定的方式來進行「裁員」。

最終，只能根據職員的「自主」意願，採取勸告辭職或是提前退休的方式進行。若不是採用職員自願離職的方式，公司就會變成不當解僱。在這種情況下，不但無法獲得法律認可，公司還會受到相當大的制裁，這麼一來，投資當然也會化成泡沫。

對金部長來說，必須和短則一年、長則超過十年一起共事的同事說：「我會幫你們擬定協議書，現在就離開吧。」實在很爲難。

投資者以慰勞金的名義準備了十億韓元，相當於一人可以獲得兩千萬。金部長身爲人事部長，只能扛著槍、屛除雜音，要求大家在協議書上蓋章，想起臥病在床的母親和正在念大學的兩個女兒，他下定決心、無論如何都要在這個俄羅斯輪盤上生存下來。

「沒辦法，我得要活下去。」

崔代表每天都向金部長確認目前的進行狀況。

「今天收到幾張協議書了？時間所剩不多，投資人不會無期限地等待，留下的員工總得活下去，你能理解吧？」

金部長因此事受到嚴重的胃食道逆流折磨，無時無刻都能感受到火燒心，令他乾嘔不止，且因爲噩夢而無法安穩入眠。

消息很快就傳遍了公司內部，被金部長要求個別約談的員工反應不一，有火冒三丈的、心灰意冷的，也有無論如何只想詢問慰勞金能不能多發一點的人。

金部長每天晚上都在飯局中和被裁撤的對象說明公司的現況和收取協議書，在凌晨才回到家已是司空見慣。其中因爲要把開發二組的四名組員全部裁掉，讓金部長特別心痛。擔任開發二組組長的朴次長是金部長的高中學弟，這點讓他更加難受。五年前還是金部長在創辦人的特別指示下，把任職A公司表現優秀的工程師朴次長挖角過來的，當開發二組的組員們向金部長提出強烈抗議時，也是朴次長勸阻了激憤的他們。

「朴次長，我眞的沒臉見你。」

「金部長，你知道我們組正在進行中的專案很有發展前景不是嗎？就這麼推翻眞的很可惜。」

「我也明白，但是代表打算從根本改變公司的商業模式，所以我也束手無策。」

結果金部長在公司昏倒，急性胃潰瘍再加上心肌梗塞，差點就要出大事了。雖然醫院要求他住院幾天，金部長卻表示自己沒太嚴重，只拿了藥又重新回到公司。

自從金部長昏倒過一次後，從勸告辭職對象手中回收協議書這件事就變得容易許多。大家都知情達理的諒解金部長，而金部長也充分利用了這個情況，打算盡速將此事收尾。雖然開發二組的組員中仍有幾位強烈反對離職的人，但朴次長說服了他們，金部長對朴次長既感謝又抱歉。

「金部長，組員們都幾乎被我說服了，但我只有一個請求。」

朴次長的請求是，離職後他希望能繼續進行目前開發二組正在研究的專案。他要求公司簽署放棄與這個專案相關權利的確認文件，表示只要拿到這份確認書，他會帶著組員們離開另外創業，或是以其他方式繼續進行開發。金部長獲得了崔代表的同意後，簽署了朴次長想拿到的確認文件。

「部長，請保重身體。心肌梗塞眞的很危險。」

「是啊，聽說壓力是主要原因，等這些事情結束後，很快就會沒事的。」

朴次長和開發二組的組員們一起在協議書上蓋了章，然後就離職了。

金部長僅用一個半月的時間，就成功讓五十位離職名單上的四十五人完成勸導離職或是提前退休手續。除此之外，不在名單內，卻自請離職的員工共有六位，崔代表的結構調整目標已經達成，緊接著便引入了兩百億的新資金。雖然金部長的內心有一部分很痛苦，但又安慰自己這一切都是爲了公司好。

新資金注入後，現有的三位理事卸任，透過股東會選任了三名新理事，他們全都是私募基金方的人。令人驚訝的是代表理事也換人了，崔代表只保留了大股東的地位，退出第一線經營。金部長對於這樣的轉變感到不知所措。

新當選的鄭代表是私募基金方三位理事中的一位，他一上任就進行了人事調動，金部長被調到地方營業組。新任命的人事部長是鄭代表帶來的人，金部長在K公司任職以來一直負責人事方面的業務，現在被調到營業組，簡直和宣告他出局沒兩樣。

我對說明這個狀況的金部長表示，不當的職務變更也可以在法律上進行抗辯。金部長卻苦澀地笑了。

「這段時間內被我送走的人這麼多，我哪有臉爲了自己的存活與公司面對面惡言相向呢？都是我自食惡果罷了。」

對於非常了解金部長在勸導辭職的過程中有多麼辛苦的我來說，公司的處事態度讓人感到冷酷無情，不過金部長心意已決，他在提出辭呈後和我打完招呼便轉身離去的背影，讓人不勝唏噓。

我再次見到金部長，是在那之後大約過了兩年半。他朝氣蓬勃地出現在我面前，表情明朗，看起來過得很好。金部長將手中的名片遞給我。

T工程人事/總務部長
金○○

這是怎麼回事？金部長侃侃而談這段時間所發生的事。他在離職後努力求職，但對於快五十歲的中年男性來說，再度就業並非易事。生活上要花錢的地方很多，他卻沒有收入，因此急迫地同時進行了代理司機和餐廳服務生的兼職，兩年的歲月就這樣流逝。

某一天，金部長接到他的學弟朴次長打來的電話。從 K 公司離開後，朴次長和開發二組的組員合開了一間小公司，將之前開發中的專案完成後製作成測試品，以這個測試品獲得了一家中堅企業的鉅額投資，不但在韓國取得成功，還出口到海外。

朴次長，不，現在是朴代表。在不到兩年的時間就獲得了巨大成果，公司突然擴大後，因爲公司成員都是工程師出身，所以人事業務出現了問題，需要專門負責人事的員工。

「朴代表是這麼說的，他需要能爲公司無私奉獻的人，腦中浮現我爲了公司鞠躬盡瘁，即使昏倒也繼續工作的模樣，他反而欣賞我那傻呼呼的樣子。天啊，居然會有這種事。」

金部長總管了 T 工程的人事和總務業務，這次是爲了與海外企業簽署供應合約而來拜訪我，希望進行合約的探討與相關諮詢。

「我們朴代表雖然是我的學弟，但眞的是位非常優秀又値得尊敬的人。我會全力以赴地輔佐他，以完成大事爲目標幫助他，還請律師多多幫忙了。」

雖然金部長是爲了公司傾盡全力，但在朴次長的眼裡，當時的他該有多無情又可恨？即使這樣，他仍舊對金部長無可奈何的處境給予理解，並於多年後再次聯絡金部長。朴次長，不，朴代表眞的令人敬佩。世間事，著實讓人難以預料。

人活在世界上，總有無法避免、非自願要扮演反派角色的時候。沒辦法，避不開的話就得好好執行，但要做得漂亮眞的很困難，我們必須讓對方理解，你也不過是被推到那個風口浪尖而已，並且不要太過逼迫對方。因爲被賦予的角色和關係，無論如何都會給對方帶來很大的傷害，既然如此，在自身能力所及的範圍內，即使很微小，也要盡可能採取能爲對方著想的處理方式。

就像戴著臂章，把力量放在肩上隨意行使暫時賦予你的權力的話，最終你會連人和地位全部都失去。權力這種東西不會是永遠的，若被權力蒙蔽雙眼，草率地使用權力是最愚蠢的行爲。情況隨時都有可能被改變，狀況和位置不知道什麼時候會發生變化。請記住，**如果有非做不可的事情，即使是反派角色，也得明智地全力以赴，但不能失去生而爲人該有的禮儀和尊重。**

明知是毒酒，爲何還要喝？

「我想從其他公司挖角人才，
想請您協助確認在法律方面會不會構成問題。」

W公司的白社長說有重要的事情要來拜訪我，他想從競爭對手B公司挖角開發組長，但不確定過程中會不會觸法，所以想請我幫忙集思廣益。我歪頭思考了一下表示，從競爭對手公司將開發組長挖過來，這件事情本身就不能被視爲正當行爲，再說，以這種方式跳槽的人也不值得信賴，白社長一聽，非常急切的表示這個人是他一定要得到的人才：

「他因爲已經厭煩了目前任職的公司所以想要跳槽，不是應該要尊重他的選擇嗎？更何況他是感受到我們公司的魅力才想要跳槽的，所以我們只要討論會不會有

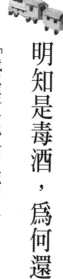

法律上的問題就好。」

我雖然不是很樂意，但對於白社長來說，這好像是件很重要的事，所以接受了委託。再加上，憲法賦予人民「選擇職業的自由」，因此白社長所提的：「難道不可以根據本身的自由意志更換工作嗎？」這個想法不能說有錯。只要在更換工作的過程中，沒有洩漏前公司的商業機密或是犯法，就不會構成法律問題。

爲此我與孫組長見了面，他給我的第一印象是位從容又具備商業意識的人。我問了孫組長想要跳槽的原因。

「見到白社長後，我便感覺這位就是我想要侍奉的君主。他能全然理解我的夢想和願景，我在目前的公司始終抹不去自己純粹就只是個社畜的感覺，白社長卻能認可我這個人的本質。不是有句話說『男人會爲理解自己的人獻出生命』嗎？我渴望能爲白社長這樣的伯樂效力。」

在旁邊聽著這番話的白社長，臉上洋溢著滿意的笑容。

我仔細確認了孫組長轉職到W公司所需要檢查的內容，因爲W公司和B公司在業界是競爭關係，孫組長的跳槽多少會成爲敏感問題。在這種情況下必須確認：第一，是否有在B社簽署競業禁止條款的保證書，第二，是否有洩漏B公司商業機密的可能性。

孫組長從容的微笑表示：「我沒有簽過競業禁止條款或是相關的保證書，B公司的內部管理原本就很鬆散，因爲社長是技術人員出身，內部職員也大多都是技術人員。」

一般而言，大部分以技術爲主力的公司，在錄用職員時都會要求簽署包含競業禁止條款的保證書，簽署保證書之後，該名職員即使從公司離職，也有一定的時間（通常是一年到一年半左右）不能在同一業種公司就職，不過B公司並沒有這樣的規定。

我接著詢問孫組長在B公司所接觸的業務中，是否有包含可能被視爲是B公司商業機密的部分。當然，孫組長在B公司負責了重要的開發業務，W公司的白社長也是高度評價了孫組長在這方面的能力，所以才想挖角他。孫組長從B公司跳槽到W公司時，收到了提高年薪約兩千萬元的提案，這是在B公司任職期間達成的研究業績所反應出來的金額。

事實上，「商業機密」在業務上是非常棘手的領域。從公司的立場來說，雖然想要主張所有對公司而言重要的事情全都可被視爲商業機密，但從法院的角度看來，卻不會全部都給予認定。

想要被認可爲商業機密的話，首先公司內部必須有條理的管理所有機密事項。「有條理的管理」的意思是，爲了具備能夠成爲商業機密的特徵，需要單獨將內容資料化，並另外指派管理商業機密的管理者，甚至必須具備使任何人都不能靠近這些商業機密的管理系統。但是大部分的中小企業都沒有以這樣的標準來制定管理辦法，甚至將可被認爲是商業機密的內容，隨意放在所有人都能看到的地方。

和孫組長確認後發現，果然B公司也完全沒有對商業機密進行任何相關管理，所以B公司並不具備法律上能阻止孫組長跳槽的制度。我在詳細說明這些內容時，白社長和孫組長看起來都非常開心。

「這可說是上天的幫助啊，孫組長！從今以後就在我們公司大展身手吧。」

從B公司的立場來看，雖然心裡會感到不舒服，但能怪誰呢？新加入W公司的孫組長在白社長破格的支援下，可以正式執行這段時間自己構想的各種開發工作，白社長也認爲自己獲得了千軍萬馬。但弔詭的是，雖然委託人獲得了想要的結果，我卻感覺有點不是滋味。

在那之後過了一年六個月，白社長再次前來拜訪。他非常生氣，因爲孫組長在兩週前提了辭呈，並且計畫再回到B公司復職。

「我因爲那傢伙投資了這麼多錢，他怎麼可以這樣在我背後捅一刀呢？有沒有辦法讓我教訓一下這個傢伙？要花多少錢都沒關係。」

我再次向白社長說明了孫組長上次從B公司跳槽的過程，因爲爭議是相同的，只是立場更換了而已。根據法理，可以在競業禁止條款保證書或是商業機密保護上攻擊孫組長，但是，令人訝異的是，白社長並沒有要求孫組長簽署競業禁止條款保證書，白社長搔了搔頭：

「因爲是帶著信任挖角過來的人，要求他寫保證書之類的東西實在有點……」

我嘆了一口氣說，這樣的話，就試試從商業機密的角度來攻擊孫組長吧。但是，白社長在這方面也沒採取任何措施。之前光顧著把人挖角過來就費了許多心思，而沒有制定適當的對策，這與之前B公司眼睜睜看著人被搶走的狀況一模一樣。

「孫組長之前從 B 公司離職時，學到了如何讓自己不必負擔法律責任的方法，看來這次也運用了這個辦法。」

我感到非常鬱悶。但是白社長無論如何都想要爭一口氣，所以明明知道沒用卻還是向 B 公司和孫組長寄送了存證信函，也很快就收到了反駁這份存證信函的回覆。內容包含了孫組長在 W 公司並沒有簽署競業禁止條款保證書，而 W 公司也沒有規範什麼是商業機密，因此孫組長可以根據憲法賦予他的自由選擇職業基本權利，想跳槽就跳槽，並且要求從今以後不要再發送不適當的存證信函。

有句話說「背叛過一次的人，就能夠再背叛很多次。」白社長在聘僱孫組長的過程中，只汲汲營營於他能帶來的利益，而犯下沒有對孫組長的處事方式多做考慮的錯誤。

巨大的利益就在眼前時，時常會掩蓋你我明智的判斷能力。況且**因爲利益而輕易背信忘義的人，也可能隨時因爲有更好的條件而再次背叛**。「我都做到這種程度了，他該不會還背叛我吧？」這種想法不就和「明知道卻仍喝下毒酒」一樣嗎？

世上最貴的賄賂，是打動人心的誠意

「那位年輕人就算是扎他一針也不會流一滴血，加上我們是被動立場，實在不知道該如何接近才好。」

時常向我尋求法律協助的服飾業龍頭N公司的南社長前來拜訪我，他爲了將當時在美國引領人氣的E品牌引進韓國，已經和擁有該品牌所有權的美國V公司洽談了一個月左右。

E品牌邀請好萊塢大咖明星代言強勢行銷，在韓國逐漸打開知名度，所以除了南社長之外，還有其他三家競爭對手正與V公司接觸中。

與南社長進行協商的是V公司的亞洲負責人——凱瑞本部長，是一位會計師出身、思慮縝密周到的猶太人，很了解自己位處協商的「甲方」立場，所以把協商條件踩得死死的，一點都不肯讓步。

授權合約中最値得討價還價的，就是與版權費計算基準相關的部分，V公司希望獲得的版權費是全部銷售額的百分之十。一般而言，服飾商品的版權費計算基準不是銷售額，而是淨利的百分之七到八左右，V公司主張以銷售額的百分之十作爲版權費，以南社長的角度來看實在難以接受這項條件，即使南社長再三拜託他們降低版權費的計算方式，但凱瑞本部長仍不動如山。

「我下週要再赴紐約開商務會議，該以什麼方式來拉近關係比較好呢？」

這眞是個難題。在反覆苦思之後，我認爲要解決這個問題，比起以法律手段來拉近關係，應該試圖用更人性化的方式來靠近比較好。

「你知道凱瑞本部長的興趣是什麼嗎？或是他的家庭關係？」

「那些人在商務會議時絕不會提起私人話題，太過輕率的接近，可能會被認爲不夠專業，所以必須小心謹慎。」

「南社長，這次會議時，不管用任何手段或方法，請一定要闖入凱瑞本部長的辦公室。不論是什麼，請在參觀辦公室的同時掌握他的嗜好或關心的事物。」

南社長面有難色的說：

「我眞的能夠闖入挑剔至極的凱瑞辦公室嗎？這幾乎是不可能的任務……」

對方是毫無破綻的猶太人，無法想像也是情有可原。不過猶太人也是人，不是嗎？我和南社長聚在一起苦思良久後，想出了看起來多少有些荒唐的辦法。

這個方法就是南社長帶著水脈波探測器（尋龍尺）和仿製的高麗青瓷去拜訪凱瑞。在進入他的辦公室之後，先向他說明水脈波是什麼、做什麼用，接著告訴他，若是發現水脈波的話，可能會因爲電磁波、磁力干擾而引發頭痛、失眠等問題，會對健康造成不好的影響。韓國傳統風水學會透過水脈波探測器找出水脈波，但是若要解決它所帶來的影響，放置高麗青瓷即能吸收磁波、壓制不好的磁場……亂編一通。

雖然南社長對於這個方法究竟能不能行得通有些半信半疑，但也沒有其他更好的辦法了。用盡一切可能的方式都要將協商導向有利的結果，最後決定還是先試試看再說。

抵達紐約拜訪V公司的南社長，在與凱瑞本部長的會議中展示了水脈波探測器和高麗青瓷。凱瑞問那是什麼時，南社長按照準備好的腹稿向凱瑞說明水脈波的影響和解決方式。凱瑞看起來非常感興趣，自然而然地就帶著南社長進到自己的辦公室。

南社長揮舞著水脈波探測器，在凱瑞的辦公室四處走動。當時映入南社長眼簾的是辦公室內一整面牆上貼滿了凱瑞攀岩的照片，從好幾面獎牌自豪地占據焦點看來，凱瑞在攀岩運動上應該是有很高的水準。這麼一想，握手時的確感覺到凱瑞的手掌非常結實有力。

「幸好沒有發現水脈波，不過這個高麗青瓷放在辦公室還是有很多好處的。」南社長天花亂墜地說著，然後將高麗青瓷留在凱瑞的辦公室後就離開了。

南社長隨即開始學習攀岩，讀遍市面上和攀岩有關的書籍和雜誌，也在教授攀岩的機構報名後學習基礎課程。然而因為急於求進步，手掌上冒出一個個水泡，最後雙手都布滿了傷口。

一個月後，南社長為了最後的協商再次飛往紐約拜訪V公司。凱瑞本部長在見面握手時看到南社長的手嚇了一跳，並詢問事情的來龍去脈。

「我原本也對攀岩很感興趣，但因爲上了年紀，想著是不是要放棄。但前次在你的辦公室裡看到攀岩的照片，就下定決心不應該放棄，而是要再次學習才好。因爲起步比較晚，太急於求進步，過度勉強自己，才造成手掌上的傷口。」

聽了南社長的話之後，凱瑞馬上露出興奮的神情。

「攀岩的基礎訓練最重要，只憑意志力就貿然往前衝是會出大事的！你怎麼不來問我呢？」

凱瑞連協商都忘了，開始和南社長討論攀岩相關的話題。南社長因爲閱讀了相關書籍，對攀岩領域的最新消息都瞭若指掌，和凱瑞可以就這個話題分享許久的心得，兩個人都太沉浸於談話，略過還沒討論完的合約協商，眞正的要事都沒來得及好好完成。

幾天後，南社長拿著V公司寄給他的授權合約書草案來找我，並向我詳細說明了這段時間發生的事情。V公司寄來的合約書中，記載的授權費是銷售額的百分之七，而不是這段協商過程中絕不妥協的百分之十。

「上次和凱瑞見面時完全沒有聊到授權協商的事，不對，是沒有時間提到。這位朋友聽了我手掌受傷的故事之後，幾近瘋狂的和我討論攀岩相關的話題，然後在隔週就寄來了這麼理想的授權合約草案。」

凱瑞做的不只這些，他還用電子郵件寄了攀岩必要裝備的清單和教學影片，更另外準備了自己用得不錯的安全裝備。

以這件事情爲契機，南社長正式開始了攀岩活動，更成了攀岩愛好者。和凱瑞本部長的緣分依然是現在進行式，和V公司服飾品牌的授權合約當然也成功的續約了。

在涉及利害關係而針鋒相對的協商中，雙方需要努力以理性的邏輯和依據來說服對方。但是，偶爾也會碰上比起理性，感性更能發揮絕妙效果的時候。**如果因爲某種原因讓對方產生好感，也可能獲得像施展魔法般的效果，超越其他事情而使得協商變得更加圓融。**

因爲人都有想要與自己喜歡的人一起做事的天性，「喜歡共同的事物這點」就成了讓對方產生好感很重要的契機。

若是你正面臨一場困難的協商，那應該要像審視協商內容的問題點一樣，仔細地觀察對方喜歡什麼和在意什麼。不論這個能力被稱為洞察力還是智慧，很明顯的至少能讓你們的距離更拉近一個層級。

利用法律巧妙設計的心理遊戲

「對吧？跟朋友借錢總會擔心還不出來嘛。我也覺得像金社長這種有良心的人更是會這麼想。」……又是「間接故意」的案子。

這是經營模具工廠的金東敏社長的故事。

金社長爲了償還原料貸款，緊急向朋友借了一億韓元，並約定好六個月內還清，但金社長未能依約還錢，這位朋友於是上警察局告他詐欺。

負責調查金社長詐欺罪嫌疑的鄭搜查官年約三十多歲，是一位非常挑剔的原則主義者。

「金社長，趁我還能好聲好氣的時候認罪吧，你難道不是在向朋友借錢時，就已經決定不還這筆錢了嗎？你是故意的吧？」

鄭搜查官從頭到尾都用「你從一開始就打算賴帳才借錢」的方式審問金社長，金社長委屈得哽咽回答：

「不是的，搜查官。怎麼可以說是我打從一開始就想賴帳？我絕對沒有這種念頭。一開始我眞的覺得六個月後肯定能還錢，不過後來廠商接連破產，弄得我無計可施。請相信我。」

「你叫我相信這種口說無憑的話？是把搜查官當傻瓜嗎？」

鄭搜查官持續威嚇金社長，金社長只得滿腹苦水往肚裡吞。此時，在一旁靜靜觀察著搜查過程，年紀看起來較長的資深搜查官插嘴道：

「鄭搜查官，你去抽根菸再回來吧。」

自我介紹是崔搜查官的他，一坐在金社長面前即露出和氣的笑容說：

「金社長，很辛苦吧？我們也是領薪水的，如果有哪個部分讓你難過了，請海涵。要不要喝杯咖啡？」

崔搜查官推薦金社長來杯熱咖啡。

「坦白說，我在搜查科經濟組任職期間眞的碰過非常多惡劣的騙子，那些都是不要臉的傢伙，但是金社長從本質上就跟那些騙子不同，我一看就知道了。我反而更不懂那位因爲不還錢就提告的朋友，你們眞的是朋友嗎？怎麼比外人還要不如呢？」

崔搜查官用與方才鄭搜查官截然不同的態度詢問，富含同理心的表達方式讓金社長的感激之情油然而生。

「看了一下案件紀錄，我覺得你並不是從一開始就打算賴帳。」

「沒錯，搜查官，我眞的不是從一開始就故意不還錢，請相信我。」

然而，崔搜查官接著問了金社長一個非常微妙的問題。

「不過話說回來，你向朋友借錢的當下，已經欠了銀行約一億元的債務，公司銷售額也是急速銳減的狀況。那麼你和朋友借錢時，都不會擔心六個月後，要是還不出這筆錢該怎麼辦嗎？」

金社長仔細思考了崔搜查官所提出的問題。這麼看來，金社長借錢時確實有經濟上的壓力，也確實難以百分百確信自己眞能依照約定在六個月後償還這筆錢。最重要的是，因爲崔搜查官非常親切又一臉柔和的問問題，金社長也不自覺的認爲自己可以回答：「會。」甚至也覺得這樣回答才是對崔搜查官的禮貌，於是金社長就乖乖點了頭，接著崔搜查官拍了拍他的肩膀再次確認：

「對吧？跟朋友借錢總會擔心之後還不出來嘛。我也覺得像金社長這種有良心的人更是會這麼想。」

金社長再次回答了：「對。」

於是崔搜查官針對這個問題和答案，在嫌疑人審問調查書中如此寫下：

> 問：嫌疑人向被害人借貸一億元的當下，是否認知在六個月的償還期限內，也許無法償還該金額？
>
> 答：是，沒錯。

被檢察官以詐欺罪起訴的金社長委託我擔任律師，聽完事件原委的我也只能無奈嘆氣。

「唉……又是『間接故意』的案子啊。」

韓國各級搜查機關在一個月內受理的刑事起訴案大約有幾件呢？依據二〇一一年的統計數據，韓國搜查機關一個月大約受理八萬件刑事起訴案，其中詐欺案占八成左右，大部分都是借貸詐欺，也就是以「那個人跟我借錢但他不想還我，所以我告他詐欺」的內容進行提告的案子。

借錢不還這件事本身並不會構成詐欺罪，這只是單純的民事債務而已。因此，在這種狀況下，債權人需向債務人提出民事訴訟，獲得法院勝訴判決後才能強制取回自己的錢，但深知民事程序過程既耗時又花錢的債權人，總會想盡辦法把這個問題和詐欺罪綁在一起，試圖提出刑事訴訟。

如果非要把不還錢的情境扣成詐欺罪，必須在債務人「欺騙」債權人的前提下才能成立。也就是說，必須證明債務人在一開始借錢時，明明沒有能力或意願還錢卻假裝自己有還錢的意願，進而欺騙了債務人這點。但有哪個債務人會乖乖自白說出「對，我其實一開始就不想還錢」呢？

債務人肯定會抗辯：「我一開始是想還錢、也有能力還錢，但是隨著時間過去，狀況變得無可奈何，才導致無力償還罷了。」如果債務人所言爲眞，便能解釋爲事後因素導致無法順利償還，而非事前就蓄意欺騙對方，進而無法構成詐欺罪嫌疑。

如果每位債務人都用這種方式爲自己抗辯，那就沒有任何人會因詐欺罪而受罰，不過有一種法律工具可以提升債務人因詐欺罪受罰的可能性，也就是所謂的「間接故意」。

間接故意是指「即使預期自身行爲可能導致某種犯罪結果發生，依然旁觀該結果發生的心理狀態。」簡言之，雖非故意，但當事人已經明確意識到自己的行爲可能會導致某種負面結果的發生，卻仍抱持著「算了，不管了」的心態，這便可被視爲間接故意。

在這個案例中，崔搜查官問金社長：「借錢的時候，你都不會擔心以後要是還不出這筆錢該怎麼辦嗎？」像這類提問，在法律上會被解讀爲：「即使在借錢的當下，已經預期之後會有無法償還債務的可能性，仍舊抱持著總有辦法能解決的心態，才會拐著彎說以後就會還錢吧？結果還不出錢，就變成是間接故意借錢的狀態了吧？」

金社長向我傾訴他的冤屈，問我有沒有能讓嫌疑人審問調查書內容無效的方法，但在正常程序下填寫，並經過本人閱讀並蓋章的嫌疑人審問調查書，其效力是不太可能事後在法院上被否認的。

人們會對「你打從一開始就是故意且惡意做出這種行爲吧？」這樣的問題進行本能的防禦；但是對於「其實你並無惡意，也曾經想過要是出事的話該如何是好，對吧？」這樣的問題，大多反而容易想著「我是這樣的嗎？」然後輕易產生認同感。不過，只要正面給予這個問題答覆的那瞬間，就等同坦承自己犯下因間接故意導致的詐欺罪。

究竟有多少人徹底了解這類的法律知識，並能在調查時冷靜應對呢？特別是搜查官們在進行調查前，都會刻意一人扮黑臉、一人扮白臉，讓接受調查的對象來回體驗冰與火的洗禮。在大多數的情況下，這種模式都會讓嫌疑人產生一種眼前的人彷彿是站在自己這邊的錯覺，單純的依照白臉警察引誘的方向回答，然而這種錯覺的代價實在太大了。

時至今日，**搜查機關仍在巧妙使用「間接故意」這個法律工具**，讓嫌疑人被釋出善意的警察說服，做出無法挽回的不利陳述。**究竟這是否正當？也讓身爲律師的我十分苦惱**。

一個事件，兩個版本

和他人合夥創業真不是一件容易的事，以下我將分享兩個我曾聽過，與合夥做生意有關的故事。

故事一

金社長與在大學時期認識的P一同創業。P擁有許多無線通訊相關的專利，是位優秀的技術人員，與政府合作順利完成專案的經驗豐富。金社長的經營謀略結合P的專業技術，應該能打造出理想的公司，於是金社長與P成爲共同代表理事，由金社長負責公司的整體營運，P則負責技術研究開發領域。

然而，實際執行共同經營後，卻出現許多意想不到的問題。問題出在P的技術能力，與當初創業時所誇下的海口不同，後來發現P所擁有的技術幾乎不可能實際應用在產品上。對於因爲信任P的專業技術，延攬許多投資人入股的金社長而言，眼前可以說是一團漆黑，更誠實一點地說，幾乎就是遭到詐騙的感覺。

從那時候起，金社長的苦戰就開始了。因爲無法信任P的能力，金社長的首要任務便是找到能取代P，並且能夠立即參與開發，實現原先構想的技術外援。當時的金社長對於P白日夢式的說詞感到非常疲憊，公司不是大學研究室，那些無法立刻派上用場的理論性技術可以說是毫無用武之地。不過P非但沒有深度考慮過經營面的問題，只是持續主張應該提高研究經費，甚至威脅金社長若不接受他的主張，就不可能再繼續進行研究。

爲了填補公司內部因爲P的無能而產生的損失，金社長一星期有六天都必須應酬喝酒。雖然被醫生警告，再這樣喝下去會沒命，但他也別無他法。爲了彌補公司短缺的技術能力，就算搞壞身體也只能透過應酬繼續推銷，這是他逃避不了的現實。實際上也是因爲參與了酒席應酬，才能鞏固與幾位大企業高層的關係，受到他們的照顧，公司才得以持續經營。

職員們對於P的不滿也跟著水漲船高，任誰看了都會覺得P是個不務正業的人，卻能繼續保有代表理事的職銜，甚至干預不屬於他能力範圍的經營決策，造成員工的混亂。職員們不斷建議金社長盡快整理與P的關係，但考量到最初與P決定創立公司時的心境，他仍舊打算盡力維護彼此的情義，努力地安撫員工的情緒。

然而，似乎是在嘲諷金社長這般的信任，近來P犯下了極爲嚴重的瀆職行爲。創立公司後幾乎沒有任何實際業績的P，直到最近才總算開發出可實行的技術，他卻沒使用公司名義，而是用了個人名義去申請技術專利。這件事令所有人大受衝擊，長久以來維持公司收益的關鍵人物是金社長，卻在公司終於研究出新技術，可能就要大發利市時，被P從中截走……

金社長再也無法信任P，同時也確信自己再也無需保護對方了，於是決定控告P瀆職，並對他提起請求損害賠償告訴，另外也著手準備將以P的名義所登記的技術申請人更改爲公司名稱的訴訟。在全公司員工都同聲譴責P的無恥行爲時，一方面也很同情金社長，都是因爲他人太好才會捲入這種風波。

故事二

白博士在大學就讀期間已是收到頂尖企業挖角提案的優秀技術人員，好不容易完成博士學位的他因為家境貧困，還有生病的母親需要照顧，於是下定決心盡快加入提出優渥條件的 S 電子公司。

然而，他的大學同學 K 來找了他好幾次，勸他和自己一起創業。白博士都鄭重拒絕這項提議，他認為相較於擔任經理人，作為研究員的生活更符合自己的特質，更何況他正急需用錢。

但 K 非常執著，加上他參與招商時，把白博士所保有的專利技術講得彷彿自己也能好好活用一般，而且還因此獲得了約十億韓元的投資約定。

「很抱歉沒有事先告訴你，但總得有人好好宣傳你的傑出實績，並將它商品化啊！這點我能辦到，我們一起好好努力一回吧！」

因為 K 的苦苦哀求，白博士艱難地答應了他的提議，大概知道他家內情的 K 承諾會立刻給白博士現金一億韓元周轉。這筆錢可以清償他家過去欠下的債務，也能支付他母親的手術費用，不過白博士更重視的，是 K 保證會提供能讓他完善整個研究的持續性支援。由於K新創立的公司核心能力取決於專業技術，他也誇下海口，要白博士完全不必擔心研究開發後援這部分。

於是白博士便決定和K一起創業，並成爲共同代表理事。白博士向K表明自己對經營毫無興趣，只想專心做研究，也明確表示公司經營部分須由K總管運籌之意。

然而，公司實際營運後，卻出現許多意想不到的問題：

第一，K在公司裡散布謠言，說得彷彿是他靠一己之力募集所有資金，卻得毫無理由的挪用一億韓元投資金給白博士使用。但事實上之所以能從投資人手中獲得十億韓元的投資金，完全是因爲他們擁有白博士所保有的專業技術。公司內部出現如此莫名其妙的傳聞，對白博士而言，K的行爲只能當成是他對自己的牽制。

第二，K公然在員工面前批評白博士的技術沒有商業價值，這對白博士而言極度荒謬。創立公司當時，他分明早已清楚說過這項技術的基礎原理，若想將它商業化至少需要一年的研究時間，K也同意了。但在公司成立的三個月後，卻頻繁出現以還看不到研究結果爲由，持續在員工面前公開讓白博士難堪的狀況。就白博士的立場，他合理懷疑這是K在表達反正已收到投資金，就想隨心所欲經營公司的心態。

第三，K的道德敗壞情況十分嚴重，一星期有一半以上的時間都在酒店度過，他的交際費支出之驚人連公司會計組都咋舌。表面上他說這是爲了經營公司不可避免的支出，但其實是給了酒店裡的秘密情婦，更有傳聞說，大部分的公司資金支出都與業務無關，全都用在那位情婦身上，甚至還曾發現佐證這項論點的間接證據。有幾位職員找上了白博士，提出「公司再這樣下去會完蛋，無論如何都要速速準備緊急對策」的建議。

第四，最爲嚴重的是K爲了把公司股份轉賣給風險投資公司，正在進行相關作業的這項行爲。有消息指出，K正在僞造不實的加工收入、塑造公司對外的美好形象，準備讓第三方進行收購。雖然白博士將公司經營權全數交由K管理，卻萬萬沒想到他竟然如此隨心所欲，白博士已將自己持有的專利權轉移至公司名下，要是有個萬一，公司的整體經營權很可能就此落入第三人手中。

白博士最近終於將研究結果轉化成可商用的技術，然而在這種狀況下，要用公司名義推出此項技術實在太危險。一起進行研究的同仁們也認爲，在K試圖把公司轉賣給他人的狀況下，還用公司名義提出專利根本是自殺式行爲。眾人一致的想法是先以白博士個人名義提出專利申請，觀望後再決定實際專利人名義，這樣做才能眞正保障公司和所有員工。

白博士除了爲自己，也爲了信任並追隨自己的員工，以個人名義申請新開發的技術專利。後來得知此事的K主張這是瀆職行爲，並向白博士提出告訴以及請求損害賠償的訴訟。

一九五〇年上映，由黑澤明執導的電影《羅生門》，敘述戰亂的日本平安時代，在某個村莊森林裡發生了殺人案，影片中出現了相關當事人在官廳陳述自身經歷的場面。每一位對案情的說明都不盡相同，儘管眞相明明只有一個，當事人卻都只從自身觀點進行陳述，讓人無法明辨事實究竟爲何。

當然，陳述分歧的原因是其中參雜各自立場與利害關係的緣故，在前述的故事中也能看出與電影場景相似的利害關係對立。也許你已經發現，上述〈故事一〉與

〈故事二〉的關聯性，以及原告與被告各自主張的陳述內容。〈故事一〉所提到的P，就是〈故事二〉裡的白博士；〈故事二〉的K，則是〈故事一〉的金社長。

我剛當上律師時，前輩們特別提醒過我一點——

絕對不要只聽我方委託人的說詞，就認爲自己已經了解事件的全貌。委託人只說明了整個案件中與他自己有關的部分，要把對方的故事也聽完，經過冷靜取捨後才能了解眞正的眞相。

依照律師前輩的建議實際了解後，我才發現大多數的委託人都沒有客觀陳述事實，主要理由有二：

第一，爲了故意隱瞞眞相。從委託案件的立場來看，委託人會擔心「如果把對自己不利的事情告訴律師，律師是否會帶著偏見看待這件案子？」於是選擇性的只講了對自己有利的內容。

第二，瞬間的錯覺或持續性的自我合理化。這種情況會導致委託人將客觀的眞相扭曲並自我接受，進而誤以爲自己的認知就是眞相。在這種狀況下，連委託人自己都不曉得其實自己已經扭曲了眞相。

法官們常常這麼抱怨：

「原告及被告明明都比任何人更清楚眞相是什麼，爲何卻總是要來法院要求我們揭發眞相呢？」

訴訟可以說是由兩名當事人就自身立場與利害關係將實際狀況重新組合，讓法官聽取支持各方論點的律師所提出的主張後，考量哪一方的說法更値得信賴、進而判定對錯的不完整結局。

對於每天經歷著「法庭肯定能掩蓋眞相」這種普遍的想法，以及法庭上實際發生的情況其實存在著巨大的差異這點，我總感覺喉頭哽著刺，很不舒服。

誰都有屬於自己的隱情

「我只是想嚇嚇他而已，對方就給了我兩百萬元。也太容易了吧，嚇了我一大跳。」

兼職代理駕駛的東洙從同事哲久那兒聽說了一個故事。哲久接到呼叫代理駕駛的電話後，替酒醉乘客開車，客人要他把車停在大樓入口旁，說接下來他要自己開，沒辦法給他原先講好的代駕費全額，因此跟哲久發生了口角。

由於沒有收到原本協議的全額費用，哲久一氣之下就偷偷將客人上車駕駛的畫面用手機錄下，並在隔天打電話給客人，對方的聯絡方式是他前一天在接案時拿到的。哲久對該客人說，他手中握有前一晚對方酒駕的影片，並把該影片傳給客人，威脅對方會將酒駕影片交給警察，對此感到害怕的客人便給了他兩百萬韓元。

「聽說那個人在大公司上班，業務上常常需要開車，他非常害怕如果因爲酒駕遭受刑事處罰，或是吊銷駕照會對公司造成影響，但其實我也沒打算要威脅他到這種地步。」

幾天後，東洙在深夜時接到呼叫電話，他前往九老洞替酒醉的客人開車。當車子開到了上溪洞後，一開入某條巷子內，後座的乘客便對東洙說：

「幫我把車停在這邊吧，嗝～還要再走一段路才會到我家，到時候你下車會很不方便，接下來我自己開就好。」

東洙詢問對方有喝酒沒關係嗎？客人說沒關係並抓住了方向盤。東洙猛地想起幾天前哲久說的事，偷偷拿起手機拍下那個畫面。雖然他當下沒有預謀要做什麼，只是一看到喝醉酒卻抓著方向盤的客人，便想起哲久說過的話，而急急忙忙地開始錄影。

隔天，東洙反覆看著昨晚拍的影片，考慮了一會兒才小心翼翼地傳了一封附上影片的簡訊給那位客人。

「我拍到了你昨晚酒駕的畫面。」

正在出外勤的車鎭成看著東洙傳來的簡訊許久，無奈的笑了。

「哎呀？看看這傢伙？」

鎭成打給認識的前輩律師，詢問寄送這種簡訊會不會構成什麼樣的問題。那位律師表示，發訊息本身就能看成是一種威脅，如果繼而產生對方要求封口費、不照他的意思辦理就要報警的狀況，甚至能構成刑法上的「恐嚇罪」。

出身大學儲備軍官訓練團擁有軍官頭銜的強烈自豪感，個性熱情、無法忍受不公不義的鎭成打了電話給東洙要求見面，接著假裝害怕的說：

「我該怎麼做呢？我太害怕了，連工作都沒辦法好好完成，您想要什麼請儘管開口。」

東洙躊躇地回答：

「也許您會覺得不太開心，但還是跟我買斷影片比較好，只要給我一百萬、不，兩百萬韓元的車費就行了。」

「啊，兩百萬韓元嗎？好的，請寬限幾天，我會再聯絡您。」

鎭成其實偷偷的錄下了這段對話，既然對方拿酒駕威脅自己說要報警、還開口要錢，這就如同律師所說，這種行爲已經構成恐嚇罪！於是鎭成前去拜訪了前輩律師。

「學長，這種傢伙眞的欠罵，我有錄音，可以用恐嚇罪告他吧？」

「但如果你也被問責酒駕的事，那就是兩敗俱傷，你覺得需要把事情搞得這麼大嗎？」

「我有問過警察朋友，他說光靠那小子傳的影片要證明酒駕有難度。就算被認定爲酒駕，我又不是公務員，只是個走訪全國的自營業者，繳點罰金也沒關係。」

「你開車跑遍全國還要應酬，怎麼不找一位司機？」

「我自己這種狀況要請什麼司機啊？但也確實啦，眞的花了不少代駕費。不過這是另一回事，幫我寫一張訴狀吧！眞抱歉要用這種小事麻煩你，學長。」

東洙在與鎭成見面後雖然有點不安，但一方面又因即將獲得一大筆錢而感到有些興奮。東洙和媽媽及妹妹秀英同住，做清潔工的母親最近在雪地摔倒、腿部骨折，家中的經濟來源只剩下身爲幼兒園老師的妹妹領的月薪和東洙的代駕費，光靠這些收入無法支付媽媽的醫藥費。

東洙在約定當天下午和媽媽去了趟醫院回來後，從幼兒園返家的妹妹把他叫到外面。

「哥，這是什麼？」

秀英拿出東洙的電話，看來是剛剛去醫院時忘記帶走，落在家裡了。

「因爲電話一直響我就幫你接了，然後碰巧看到你傳給別人的簡訊跟影片，你爲什麼要這麼做？」

東洙太過慌張，一句話也說不出口，妹妹眼眶泛淚道：

「哥，我們就算窮也別這樣吧？我知道你最近很辛苦，但這樣做眞的不對。」

東洙抱著頭，羞愧得沒臉看妹妹。

鎭成接到前輩律師來訊，表示訴狀已撰寫完成，他剛拿到訴狀，正打算打電話去大罵東洙時，卻收到東洙傳來的簡訊：

「老闆，非常抱歉，是我錯了。我會把影片刪掉，也請您忘記這件事吧！我大概是瘋了，眞的很對不起，非常抱歉。」

抱歉？他都還沒認眞把這件事當成恐嚇案件處理，這是怎麼回事？鎭成一頭霧水的打了電話給東洙，詢問他突然改變態度的緣由。

「其實我是在煩惱媽媽的醫藥費……可能是被鬼遮眼了吧，眞的非常抱歉。」

聽完東洙伴隨著哽咽的說明後，鎭成也很慌張。

「其實我本來打算要告你恐嚇，既然如此就趁這機會好好處理這件事，我們見個面寫份協議書吧！」

在東洙同意之後，鎭成帶著東洙來到我面前。東洙用十分洩氣的口氣把事情原委告訴了我和鎭成，我便幫他們協調了整件事的後續處置。

「你應該也聽說了，鎭成打算告你恐嚇，也有錄音證據。但因爲你已經道歉，鎭成也打算大事化小，所以也請你以後不要再拿鎭成酒駕的事情找他麻煩，我會依據上述內容寫一份協議書，可以嗎？」

東洙點點頭表示同意，我敲打著筆電鍵盤專心撰寫文件，鎭成則盯著東洙看了許久說：

「東洙，我應該可以直接叫你的名字吧？畢竟你看起來跟我姪子年紀差不多。你目前是靠代理駕駛維生嗎？一個月大概可以賺多少？」

「就算努力接案到凌晨，扣掉公司的手續費抽成、交通費和電話費，大概還剩六、七十萬韓元。」

我在完成協議書之後，把文件列印出來放在兩人面前，鎭成看都沒看，就向東洙詢問：

「東洙，你擅長開車嗎？」

「是，我在當兵時正是駕駛兵。」

「喔？你是哪個部隊的？」

「九師團運輸隊。」

「那不就是白馬部隊嗎？你是哪一年當兵的？」

一談論當兵的話題，眼睛就瞬間發亮的鎭成把手搭在東洙肩上，變得非常和藹可親。從那天起，東洙便被跑遍全國的營業王車鎭成聘僱爲專屬司機。雖然我準備的協議書和訴狀瞬間變得無用武之地，但這的確是個難以複製、非常令人欣慰的結局。我也眞心誠意地祈求，帥氣的男子漢鎭成的事業能鴻圖大展。

在遇到問題時，我們會爲了解決它而絞盡腦汁，身爲直接或間接經歷過無數紛爭的律師，想就此給各位一項建議：

跟人有關的問題，別專注於問題本身，先關注牽涉其中的人吧！讓我很痛苦的那個人，到頭來也是某人的爸爸、兒子或丈夫，也是位努力生活的小市民。他過著什麼樣的人生，他的處境又是如何？他關心什麼、他的苦痛又是什麼？只要掌握這樣針對對方整體人格的觀點與觀察，就能**將問題與人分離並獨立思考，找出更多元的解決方案，有時候還能成爲轉禍爲福的契機。**

不可觸碰的逆鱗

「心想『他喝醉了才這樣』試圖讓自己冷靜，但還是忍不住想起被侮辱，特別是那傢伙充滿譏諷的語氣，讓人無法忘記。」

一個月前，首爾中央地方檢察廳特殊部姜熙遠檢察官的辦公室，收到一封匿名的檢舉信。內容是關於U建設多次提供中央部門公務員鉅額賄賂，最終成功承攬兩件政府工程案的舉報信。

畢竟是攸關公務人員介入的弊案，屬於特殊部檢察官必須抱持使命感來徹底搜查的案件，尤其是地方檢察長早已對一線檢察官下達「針對公務人員弊案進行徹查」的嚴格命令，姜檢察官就更想好好的處理這件案子。但與他所期待的不同，要找到蛛絲馬跡並不容易，姜檢察官在白紙上試圖畫出相關人物的關係圖：

U建設 黃○○社長
中央部門 權○○局長、蔡○○局長、申○○科長

U建設的黃社長是才迎來花甲大壽的白手起家型企業家，也是近幾年承攬了許多政府相關工程的新興強者，從各種狀況來看，確實會讓人懷疑他們是否跟中央部門有所勾結。這封檢舉信看起來是從U建設的競爭公司寄來，但因爲沒有明確證據，搜查責任完全落在檢方身上。

以中央部門局長級公務員爲對象的調查必須非常小心謹慎，姜檢察官先派了調查股長向黃社長及權局長鄭重的詢問了幾個問題。黃社長表示，他雖然確實曾與權局長、蔡局長吃過幾次飯，但那是因爲兩人皆是同所高中的學長和學弟（黃社長是大權局長十屆的學長），才會一起吃飯，並強烈主張自己不曾提供賄賂或進行不當請託。

在調查停滯不前之際，第二封檢舉信送達姜檢察官辦公室，內容明確且具體指示，只要細查U建設會計帳簿，肯定能找到資金流出，再去調查懷疑的公務員及其家人的帳戶金流，便能查到有錢入帳的痕跡。

姜檢察官雖然覺得這有損格調，但還是以檢舉信作爲依據，向法院申請扣押U建設會計帳簿調查的搜索令，並申請閱覽相關公務員及其家人、手足的帳戶明細。取得U建設會計帳簿後，他請同事調查發現確實有些不透明的金流，但因中小建設公司與大公司不同，會計帳簿內容無法完全吻合的狀況很常見，也因此，要用資金出現缺口的理由斷定此爲賄賂金並不容易。

姜檢察官傳喚U建設的會計負責人並強力威脅對方：

「我看了會計帳簿發現很多問題，我會把黃社長個人挪用的錢、以秘密資金形式操作挪用的錢，全數揭發。如果你們無法詳細說明這些款項的用途，請記得，各位也會變成瀆職或貪汙的共犯。」

會計負責人擔心自己也可能受到刑事處分，坦承黃社長定期會以領現方式取出公司資金，相較於手法縝密的大公司，他挪用秘密資金的方式實在非常單純。

姜檢察官的目標並不單純只是揭發黃社長的個人貪汙而已，而是要揭發他和高層公職人員的不當勾結，不過想揭發高層公職人員與企業的勾結並不容易。雖然他也調查過公務人員的帳戶明細，但也沒發現突然有大筆錢匯入的狀況。收受賄賂的人擔心露出馬腳，肯定不會把錢存進自己或相關人士的帳戶，而是另外將那筆錢存放在某處或保險櫃裡。

姜檢察官別無他法，只能多次傳喚黃社長到檢察廳，一下斥責、一下懷柔，試圖讓他自白自己與公務人員的不當勾結。

「黃社長，目前已確認公司帳戶有相當程度的資金缺口，光是這部分就足以將你以業務瀆職與貪汙定罪，量刑也非常重，但如果你坦承這筆錢是迫於無奈才不得不繳納給公務人員，我會充分參酌這部分因素去求刑。行賄這件事本身就有罪，但考量到你協助調查有功，也可能獲得緩起訴等不起訴處分，我們最重視的目標是那些不當且腐敗的公務員！」

但黃社長依然維持自身立場，堅持公司帳戶內空缺的錢都是作爲他個人急用或是娛樂費使用，絕對沒有賄賂公務員，調查也因此再遇瓶頸。

就在某天，姜檢察官從搜查官那裡聽說黃社長被送進加護病房的消息。平常就有高血壓問題的黃社長，因爲持續調查與因此案件而惡化的公司營運狀況等各種原因，腦出血昏倒送醫，狀況不太樂觀。

姜檢察官打電話到醫院，詢問主治醫師有關黃社長的狀況，並得知他的身體有三分之二已經麻痺，語言功能嚴重受損，需要相當長一段時間的絕對靜養。就姜檢察官而言，他並沒有進行什麼無理或過分逾矩的調查，黃社長卻變成這副模樣，也讓他內心備感複雜。最後，他判斷本起案件難以繼續調查，決定以內部審查終結。

又過了幾天，尹成日來拜訪姜檢察官。他透過調查股長表示很想見見檢察官一面，談談U建設的案子。

「我就是姜檢察官，請問有什麼事嗎？」

U建設案已經變得不那麼重要，於是姜檢察官不抱期待的接待尹成日。

「您公務繁忙，感謝您抽空與我見面。我是黃社長的司機，針對這起案件有些話想說，才來拜訪您。」

聽到是黃社長的司機這個自我介紹，姜檢察官才想到當初怎麼沒想過要調查司機呢？尹成日將一本厚厚的工作手冊放在桌上後攤開。

「這本手冊中記載了所有我依照社長指示，去拜訪權局長並給錢的日期、場所及金額。」

姜檢察官仔細閱讀手冊中記載的內容。

二〇一〇年四月二日／權（自）　希望加油站前／袋一／一〇〇〇

二〇一〇年四月二十八日／權　高球俱樂部停車場／盒一／三〇〇〇

「尹成日，雖然我大概也能猜到，但還是想跟你確認，請問這些內容實際上代表著什麼意思？」

「二〇一〇年四月二日，在權局長自宅附近的希望加油站，我替社長送出了一個購物袋，裡面裝滿一萬元面額鈔票的一千萬元；二〇一〇年四月二十八日，權局長跟社長一起打高爾夫球的時候，我將一盒裝滿一萬元面額鈔票的盒子放到權局長停在俱樂部停車場座車的後車廂裡，應該差不多有三千萬元，除此之外……」

姜檢察官忍不住叫好，這也記錄得太詳細了吧？看起來大約見了五次面，總共給了權局長一億五千萬韓元。

「雖然很感謝你協助調查，但怎麼會記錄得這麼詳細呢？」

姜檢察官詢問尹成日製作這種資料並決定公開的原因，他深呼吸一口，用冷靜的口氣接著說下面的故事：

在以駕駛兵的身分退伍後，尹成日透過學長介紹成爲U建設黃社長的司機，對於總是特別照顧沒有特別專長的自己，他對黃社長滿懷感激。雖然因爲各種外部應酬，常常得陪同黃社長工作到凌晨，但他並不覺得辛苦。

「你也去讀點書怎麼樣？不是連大學都沒畢業嗎？」

充滿人情味的黃社長指示尹成日繼續讀書。

「反正你跟著我跑也常常需要等待，不要只是滑手機，多看點書吧！去拿一張證照也不錯啊，總不能一輩子都替別人開車吧？」

尹成日對於黃社長的體貼幾乎感動得痛哭流涕。黃社長給了他一張一百萬韓元的支票，豪爽地說：「收下吧！不過不能用這筆錢去喝酒！拿去買書，在等我的時間盡可能提升自己，知道嗎？」

尹成日反省過去安逸生活的自己，並決定藉此機會重新訂定人生計畫。首先到書店買了幾本參與證照考試的所需教材，並按照黃社長的指示，在車上等待時，總是拿著筆和書本用功讀書。一開始因爲沒有養成讀書習慣，老是想拿手機來看，但在被黃社長發現並臭罵幾次後，也養成了就算只有五分鐘的自由時間，也會讀書的習慣。

某一天，黃社長看起來與平常不同，心情特別愉悅。他坐在後座看著窗外，對尹成日說：

「我們這種鄉下高中畢業的學生之中，有位非常傑出的學弟。他通過國家考試，現在已經爬到局長的位子了，眞是令人驕傲的小子，以後我應該會常常跟他見面吃吃飯，你以後有機會也好好的跟他打聲招呼。」

黃社長在事前預約好的餐廳與那位學弟——權局長一同用餐，尹成日那天也照舊在車內用功讀書。約莫晚間九點左右，他看到與某位中年紳士一同走出餐廳的黃社長，尹成日發動了車子，並走出車外等待。

「學長！今天眞的非常謝謝你！」

中年紳士看起來喝了不少酒。

「哎呀，學弟，這是我的榮幸啊！你沒開車來嗎？別這樣，搭什麼計程車？讓我送你回去吧！尹司機，快來爲權局長領路。」

尹成日按黃社長的吩咐，送權局長坐上了黃社長座車的後座。

「尹司機，我會搭計程車離開，你明天早上再來我家就好，但你要安全的把權局長送回家。」

尹成日向黃社長道別後便上了車。

「局長好，初次見面。請問府上在哪裡？要送您到哪邊呢？」

這時，坐在後座的權局長用與方才在車外截然不同的態度，語氣陰森地說：

「也不過就是個遊手好閒的人，有點錢就這麼跩，裝什麼學長啊？真是的。喂，帶我去○○洞○○大樓！」

醉得不輕的權局長向尹成日開口：

「什麼？天啊……你在念書嗎？○○證照？考這張可以幹嘛？」

權局長伸出手，猛然拿走了尹成日放在副駕座椅的書開始翻閱。

「啊，我以前沒有好好讀書，最近才開始認眞用功。」

「眞是的，念書也是要看時機的，而且就算考到這種證照也不能怎樣啊，純粹是白費功夫。看來你的人生也是一片黑暗啊，黑暗的人生～哇，我今天眞的喝了好多啊……」

權局長撕下幾頁尹成日的書，用書頁擦擦自己的嘴後便丟到窗外，接著醉倒在後座。

「我心裡暗自想著『他只是喝醉了才這樣，我自己喝醉的時候可能也會變成那樣』試圖讓自己冷靜下來，但我還是會忍不住一直想到當時被侮辱的心情，特別是權局長那傢伙充滿譏諷的語氣，實在讓人無法忘記。」

那之後，尹成日依照黃社長的吩咐，多次塞錢給權局長。黃社長十分信任口風緊的尹成日，權局長或許也因爲這是從學長那裡收到的錢，並未感受到有什麼特別的壓力。

不過尹成日對於權局長如此看不起黃社長，卻仍舊大方收下黃社長送上的錢而感到憤怒，因此他才會仔細記錄所有和權局長有關的行賄日期、地點與金額，以備不時之需。

「我們社長以後很難再過正常生活了，如果社長沒有變成這樣，我也不會把這本手冊公開。但我在看到社長倒下後，真的再也受不了了。請問這些東西能讓權局長受罰嗎？」

收到證據後，姜檢察官迅速展開調查，他讓證人尹成日與公務員進行對質審問，並針對相關人員施壓，而他們也都據實以告，表示權局長收了自己送上的賄款，甚至還有部分早已流向權局長的上層。最後，權局長及上司各被判刑三年與一年六個月，連同受到罷免處分。

由於這起案子是掃除公職人員貪汙腐敗的事件，也被媒體大肆報導。這個是我在企業犯罪研討會遇到的大學學弟——姜檢察官，在慶功宴上作爲下酒菜與我分享的故事。

「我調查的時候其實也偷偷問過，但權局長那傢伙完全不記得自己喝醉後跟司機講過的話和做出的行動，他不經意說出口的話和下意識的行爲最終導致這麼嚴重的後果，眞是可怕。」

我聽著姜檢察官轉述的故事才眞切感受到，**比起法理上的爭點，一個人無心的話與行爲，都可能成爲帶給他人致命傷的匕首**，這點也讓我有所警惕。

《韓非子》是這麼解釋逆鱗的：

龍這樣的禽獸也能被馴服騎乘，不過在牠的喉嚨下方，有一段一尺長的逆鱗。如果被人類不小心觸碰，龍便會憤而殺死那個人。

每個人都有各自不能被踩的地雷，對某些人而言可能是學歷，也可能是家庭關係或子女、財產、身體等問題，或是其他別人意料不到的小事。從心理學的觀點來看，這稱爲「核心情結」（Core Complex），若被人觸發了這個部分，就會對當事人造成難以抹滅的傷害。

平常就隨便對待下屬的權局長在無意間碰觸到了尹成日司機的逆鱗，便爲此付出了巨大代價。所以，我們又怎麼能隨便說話或輕率行動呢?!

不經一事，不長一智的法院實習生

「要有很可憐的內情，法官才會手下留情。我看您會好好聽我說話，也很會辯護，以後肯定能成為優秀的法律人。」

司法考試合格後，在我就讀司法研修院第二年的一九九三年。因教育課程需要，司法研修生必須處理幾件公設辯護案。成爲承辦刑事案件的律師，爲被告做「眞正的」辯護這件事，對於新科法律人來說是非常令人緊張的挑戰。如果我負責的被告無罪，卻無辜被判刑，就得爲了他的無罪戰鬥；如果有罪，但有著令人感到遺憾的內情，就得盡可能向法官展現這個部分，以求減輕量刑。

當時的我在首爾南部地方法院實習，分配到的第一個公設辯護刑案的被告是有四次竊盜前科的張某（當時三十五歲），他偷走了別人停放在公寓大樓前的摩托車，在逃逸過程中被逮個正著。雖然乖乖地向警察及檢察官自白犯行，但因爲已經有過多次類似前科，還是被拘留了。

摩托車已經歸還給被害人，要不是因爲有前科，這個案子其實不需要走到法院，就能在檢察階段以簡易判決（繳納罰金）的方式結束。不過他因爲有前科而遭到拘留，若他的竊盜行爲被認定爲慣竊，也可能被判處兩到三年的刑期。

我去了趟拘留所與張某見面，爲了看起來顯老一點，不被他發現我還是司法研修生，甚至刻意戴上角框眼鏡並蓄鬍。雖然法理知識方面我自認不輸給正式律師，但經驗不足這點是事實。我擔心被告因爲我還是司法研修生而感到不安，才做了些微的變裝（？）。

我用筆敲著案件紀錄資料，老成穩重地說：

「你怎麼會又犯下類似的案子呢？」

他磕頭哽咽道：

「我眞的犯了死罪，律師，嗚嗚。」

「別這麼說，這不是那麼嚴重的罪，請冷靜一點。」

看來不是心性惡劣的人，但光是多次竊盜前科這一點，要讓法官對他有先入爲主的觀念也已經夠用了。

「你偷摩托車是想拿去變賣吧？」

「對，我眞的已經金盆洗手了，是因爲我媽媽得了癌症，需要醫藥費……所以才又犯。」

什麼？媽媽得癌症？這是警檢調查紀錄沒提過的內容。因爲這與犯案動機有關，是足以用來向法院說情的事由，於是我請他多說明細節。

「我媽媽在兩個月前被宣告胃癌三期，其實應該要趕快去大醫院接受治療，但沒有正當職業的我不曉得該怎麼辦。雖然也試圖跟身邊朋友借錢，但都不順利。我媽媽這輩子爲了我過得很辛苦……我眞是個不孝子。」

我的眼角也泛起淚光，但我不斷告訴自己「不可以，這樣看起來很不專業，要忍住」。

「那你爲什麼沒跟警察和檢察官說這些？」

「就算說了他們也不會管的，因爲調查的那些人覺得只要找到我的過錯，他們的工作就已經結束了。」

我心想：「也是，這是身爲律師的我應該主張的內容。」

「律師，我這次一定要拿緩刑出去，請幫幫我！」

「我會朝這個方向努力的，但因爲你有多次前科……還有沒有其他能請法官參酌的事呢？」

「雖然不知道這有沒有相關，但我還是跟您說吧。」

我聽完張某的說明，覺得這根本就是可能在《這就是人生》一類影片看到的輾轉人生故事——在困苦環境中就讀夜校，用功讀書的張某在放假時也去做粗工，但卻在工作途中因爲墜落事故而瘸了一條腿，他因爲這樣的處境變得悲觀才誤入歧途，並開始累積前科。

後來他與善良美麗的女性交往結婚後，再次走回正途。他認眞上教會，努力讓自己過得正直。在前輩經營的維修站工作，開始過上穩定生活。然而好景不常，受前輩所託做了連帶保證人，卻因爲前輩跑路，連唯一的房子也被法拍，在夫妻爭吵及多次肢體衝突後，妻子離家出走了。

他所剩的就只有母親與七歲、三歲的兩個兒子，更慘的是小兒子還患有罕見皮膚病，需要在收費頗高的醫院接受治療才行。

我不禁想，原來一個人的人生就這麼在命運的波瀾萬丈中被吞噬啊。

「律師，我這次如果被判刑，我媽媽眞的會就這樣死掉的，也沒有人能照顧我兩個年幼的兒子，請務必想辦法讓我出去。」

「你聯絡得到妻子嗎？總要有人照顧孩子吧？我來聯絡看看。」

「沒有用的，那傢伙是因爲嫌煩才逃走的，我聽說她後來再婚了。」

張某最後講得有點模糊，在會面結束後，看著他一拐一拐離開的背影，我也不禁感到心痛。

以公設辯護案而言，這件實在壓力太大了，一想到「那個人的人生都扛在我肩上」就覺得心情沉重。

我從調查紀錄中找到被害人的聯絡方式，若能拿到被害人希望對方不會受到法院處罰的不處分申請書，在法庭上會是有利的，但對方沒好氣的說爲什麼他要幫忙寫這種東西，雖然情有可原，但我還是拜託他跟我見一面。於是隔天我到被害人的公司，並把張某的不幸故事包裝得更誇張一點，說給對方聽。

「先生，就算討厭犯罪，也請不要討厭人啊。那個人現在的處境很慘，我是公設辯護人，是免費提供辯護的案子，請幫幫忙，希望您能在這邊簽名。」

曲折的故事最終也打動了被害人，說著希望會有好結果，並在我遞上的不受處罰書上簽名。

反正也不可能主張無罪，那我要盡可能把重點放在張某目前所處的情況，我強調的共有以下六個重點：

1. 犯案動機：為了籌措母親的醫藥費。
2. 賠償損失：已將摩托車還給被害人，無實際損失。
3. 被害人希望原諒被告，不希望他受處罰。

4. 被告人的腿部是不良於行的狀態。
5. 因妻子離家出走，獨力扶養小孩中。
6. 母親罹患癌症，被告須盡速對此進行後續處置。

我將這些內容仔細寫進辯論要點書，在法庭上進行最終辯論時，雖然法官有暗示我，但我還是用十分鐘冗長地說明了張某的處境，並強力傳達「可以討厭犯罪，但請不要討厭人」「我們社會要想辦法照顧這些弱者」的訊息，但法官看著被告的表情並不太好，我內心非常不安。

時光在忙碌生活中流逝，終於來到了宣告日。雖然律師是不會出席一般刑事案件的宣告日，但我在宣告判決三十分鐘前就焦慮地抵達法庭，法官入場宣讀事件編號後，宣告以下判決內容：

「被告有多次前科，本案犯罪性質極差，但考量被害人提交不受處罰書，被告人也看似有值得參酌的內情，爰本案宣判緩刑，但未來請正直生活，絕不許再犯相同錯誤。公設辯護人也辛苦了，本案判處被告一年有期徒刑，緩刑兩年。」

啊，我和張某的眞心相通了！被判緩刑，現在就能立刻獲得釋放，張某回頭看著我，流下感激的淚水。

我打電話給拘留所詢問張某的出所時間，想親自到場感受我所辯護的被告獲得自由之身的場面。

那天下午五點，我到了拘留所，找到在總務科辦理相關手續的張某。我還以爲他會很歡迎我，但不曉得爲什麼他看到我好像嚇了一大跳，我滿面笑容的想與他握手。

「眞的恭喜你。」

我抓著張某的手步出拘留所，哇，原來這就是當律師的成就感啊，有種走在雲端輕飄飄的感覺，但某個女人站在我們面前。

「上久爸爸，辛苦了。」

老天，居然有這麼感人的事！我還以爲是離家出走的老婆回來了，便問張某：

「這位是離家出走的太太嗎？」張某卻搔搔頭說出令人意外的話。

「對不起，我內人沒有離家出走。」

這又是什麼意思？突然發現他走路也不瘸了。

「喔？那腿呢？」

「啊，被拘留之後我在裡面稍微扭到腳，剛好當下走路是瘸的，我才會那麼說。幸好現在已經沒事了，是我說了點謊，眞是抱歉，哈哈。」

我感到悵然若失，心裡吶喊著「居然有人這麼厚臉皮嗎？」但還是抱持著「拜託至少這個要是眞的」的心情詢問張某：

「那媽媽罹患胃癌的部分……呢？」

「這個也眞的很抱歉，我媽媽已經過世好一段時間了。」

他看著我，露出不好意思的笑容。

「其實我不是從一開始就打算騙您的，有經驗的律師並不會相信我說的話，但您一看就是司法研修生啊。反正情節斟酌是法官的裁量範圍，只要公設辯護人相信我，並好好爲我辯護就有勝算，所以我才稍微編了點故事。贓物也還給對方了，沒有人遭受特別的損失嘛！」

我瞬間覺得難爲情「原來被發現我是司法研修生了啊！」

「要有很可憐的內情，法官才會手下留情。這圈子本來就是這樣，我看您會好好聽我說話，在法庭上也很會辯護，以後肯定能成爲一位很優秀的法律人。」

張某和妻子打招呼後便匆匆離去，融入了一部濫情故事的第一件公設辯護案就這麼結束了。

同時，我也吸取教訓，在進行刑事辯護時也必須交叉確認被告的主張。反過來說，張某對我而言也算是位良師，或是該說是反面教材嗎？

即使讀了數十本書，累積知識，通過考試並獲得證照，也不表示就能馬上成爲專家。**知識與證照只是成爲專家的充分條件罷了，還需兼備從現場經驗所淬鍊的洞察力與智慧，才能被稱爲眞正的專家**。要達到這個水準，才可能做出負責任的判斷與建議。只憑書中所學就想要判斷世界的蹩腳專家，所帶來的危害比想像中更大，回顧我自身過往的經歷，也的確如此。

站在一樓與二十樓看到的世界肯定不同

崔前輩要我寫信給麵店老闆，我很好奇對方的反應，結果隔天就接到電話：「你怎麼會如此厲害，一下子就讀懂我的煩惱呢？」

這是一個超過二十年的老故事。

我在之前任職的律師事務所參加過一年一度，分部門舉辦的兩天一夜的教育訓練營。我所屬的部門是民事訴訟組，包含律師與職員約有二十人一起參加。這項活動過去多半選擇龍仁或春川一帶進行，但這回有人提議去遠一點的地方，於是選擇了東草爲目的地，並承包了一輛遊覽車前往。

第一天下午，抵達東草飯店後先進行輕鬆的研討；晚餐在海邊大啖新鮮生魚片把酒言歡，增進彼此的情誼。第二天則因爲多數人前一晚都喝多了，沒能好好的吃早餐，於是負責總務的金律師便安排大家在 A 蕎麥冷麵店吃午餐。

「來束草必吃這間店，是非常有名的餐廳。」

以前來過束草的幾位同事都表示認同，真令人好奇到底是多有名的店。遊覽車駛離束草鬧區，開進鄉間小路。當時已經過了中午十二點，沒能吃早餐的人早已餓得前胸貼後背……突然有人指著窗外大喊。

「啊！在那裡！」

金律師搖搖手說：

「不不不，那間是冒牌二店，哈哈哈。」

大家只得繼續引頸翹望那間元祖 A 蕎麥冷麵店趕快出現眼前。遊覽車持續在鄉間小路開了好一陣子，才總算看到備有大型停車場且已停了數十輛車的 A 蕎麥冷麵店。我們就跟所有朝聖者抵達聖地一樣，懷抱著充滿感激與期待的心情急急忙忙的走下遊覽車。

沒想到還有個痛苦關卡等著我們。店門口大排長龍，餐廳工作人員發了號碼牌給我們，我們排到八十幾號。

到底是有多好吃才能排成這樣？大家的反應夾雜著不滿與期待，等了約莫二十分鐘，之後被引導至餐廳內的包廂。菜單只有蕎麥冷麵、蕎麥煎餅與綠豆煎餅，牆上貼了很多知名藝人的親筆簽名，看起來餐廳也有架設網站。我們當中最資深的首席前輩崔律師詢問服務生：

「你們生意眞的好好喔，在外面等好久都快餓昏了。」

服務生露出一臉抱歉的表情說：

「對不起，本來不用等這麼久的，但因爲兩個月前廚師長突然辭職，現在廚房裡還是一團亂……」

崔律師是資歷二十年的資深律師，雖然外表看起來有點少根筋，但實際並非如此。他準備的資料非常有邏輯性且架構完整，同時以在法庭上針鋒相對的反詰技巧聞名，被後輩譽爲是我們事務所裡三大天才律師之一。

崔律師再次詢問：

「你們沒在首爾開分店嗎？開分店生意應該也會很好。」

「老闆以前說過要在全國大展店，但後來可能是不順利吧，我也不太清楚。」

不曉得是這家餐廳眞的很好吃，還是因爲太餓了，總之我們確實都津津有味地各自掃空一碗蕎麥冷麵。

在結束所有行程後，回首爾的遊覽車上，大家都累得呼呼大睡。就在我想著要不要也睡一下時，崔律師把我叫了過去。

「曺律師，你不覺得都來束草了，就這麼離開很可惜嗎？我跟你講件事情，你先記下來，今天晚上或明天幫我處理一下。我是因爲曺律師値得信任，我才請你做的。」

啊，我雖然想說來教育訓練營還要工作這點實在讓人憂鬱，但還是盡可能不被前輩發現，面露微笑地寫下指示事項，筆記過程中我也不禁喃喃自語：

「這前輩腦子裡究竟都裝了什麼啊，這程度可算是夏洛克．福爾摩斯吧？」

我回家稍作休息後便開始處理前輩交辦的作業。在網路搜尋 A 蕎麥冷麵的網站，並點下「聯絡我們」的按鈕，以前輩告訴我的內容爲核心寫了一封信。

※請務必將這封信轉交給老闆。

您好，我是任職於○○○事務所的律師亩祐誠，這次參加公司在東草舉辦的教育訓練營，拜訪了貴店，料理真的非常美味，也令人感動。今天在餐廳裡有幾點感受，想與貴店分享。

第一，是相似商標的問題。周遭有很多名字相仿的麵店，對第一次來訪的客人而言十分混淆。像這種模仿名店商標的行為稱作「不當競爭行為」，這類不當競爭行為會讓消費者產生混淆，在法律上是禁止的，適用法規為《防止不當競爭行為及商業秘密保護法》，可透過律師名義寄存證信函，要求使用類似商標的業者停止此類行為。

第二，是因職員離職可能導致調理方法等外洩疑慮的問題。貴店的料理方式、醬料配方有其他店難以模仿的特色，這些可被視為「營業秘密」加以保護。我們之所以無法得知可口可樂的配方，就是因為那個配方受到營業秘密法保護。若落實營業秘密保護，當廚房職員在離職後試圖使用相似的配方時，就可透過法律加以阻止，適用法規也與前述相同。但若想獲得營業秘密保護，程序繁瑣且嚴格，還需取得職員的聲明書，過程會需要專家協助。

第三，是特許經營事業化的問題。我認為貴店若能在首爾等大城市開設分店，應該能贏得不少客人的好評。但若想進行特許經營事業化，也需要通過相當嚴格的法律程序才行，相關法規為《加盟事業交易公正化相關法》。

敝司曾提供○○炸雞、○○披薩等特許經營事業化諮詢服務，若您對此感興趣，歡迎來電，我將為您提供協助。

我的電話是010-XXX-XXXX。

我依崔前輩所說的話並增補了一些內容後送出信函，同時也很好奇收到信的A蕎麥冷麵店老闆會有什麼反應，結果隔天就接到老闆的電話，他劈頭就說：

「你怎麼會如此厲害，一下子就讀懂我的煩惱呢？」

根據老闆的說明，最頭痛的問題是廚師長及職員離職後造成的營業秘密外洩疑慮。至於相似商標的問題，他們以爲自己沒有取得商標權，所以不能對這些行爲做出任何應對，對於能從不當競爭的角度切入，作爲替代方案進行處理感到十分意外。而特許經營的部分剛好身邊也常有人在問，原本還在考慮中，但收到我的信之後決定正式開始了。

崔律師與我得到了A蕎麥冷麵店老闆的信任，替他處理了幾項業務。做著做著衍生出越來越多的業務需求，賺進不少諮詢費用。崔律師說，這筆收益是因爲東草教育訓練營才產生的，於是指示將這筆錢交給下一個要去教育訓練營的部門使用。也因爲這件事，我們那年冬天才能去龍平參加教育訓練營，這是高手直指核心又俐落的神來一筆所帶來的結果。

在同個領域累積了二十年內功就能成爲高手，**高手能看到其他人沒注意的東西並有所體會**，這就像是站在一樓與站在二十樓看到的世界肯定截然不同般。**有單純**

只看外觀的「見」與洞悉內部的「觀」，也有進而找到問題點與解方的「診」等不同境界。要成爲高手的路是又遠又艱難的，但這也肯定是值得投資一生，具有挑戰價值的事。

解決紛爭的頭緒終究都在「人」身上

「撤告嗎？他看起來很不好惹耶！」「我有向他說明要認定為詐欺罪有難度，也向他提到會提供『不起訴意見』給檢方……」

崔希重是經由朋友介紹偶然認識的，年紀小我兩歲，我和他不知不覺就成了稱兄道弟的關係。他以前經營過規模不小的事業，最後面臨破產甚至家破人亡，現在獨自住在一間小套房內。

我們兩人都喜歡研究東方古典學，有空就會以一些不自量力的知識爲基礎，針對《論語》《周易》《史記》等進行討論。我的工作大多是在處理紛爭中人們的矛盾，在過程中也累積了不少壓力，偶爾跟他討論這些跨時代的議題，能讓我鬱悶的心情暢快一些。

某天，他結束了兩年的蟄居，表示將開始新事業了，對此我當然是樂觀其成，雖然我不知道過往歲月裡他究竟有過什麼故事，但年輕人老是窩在小套房裡總是不好，新事業也是以IT技術為基礎的創新點子，我內心隱隱期待著後續發展。

然而，某天我突然接到他的緊急電話。

「哥，我是希重。這段時間我都沒跟你提過，其實我之前被告，現在是停止審判的狀態，但今天剛好遇上臨檢……」

他沒辦法好好的把話說完，這究竟是怎麼回事？一個被告的人如果銷聲匿跡，那刑案就會被暫時保留。檢察官針對此類事件，會以「暫時中斷處理此事」的意義，提出停止審判，並通緝潛水的被告，也就是說，希重現在是被通緝的狀態。

我急忙前往江南警局拘留所，崔希重比起驚訝或慌張的反應，反倒因為欺騙我，心生愧疚而抬不起頭。

「對不起，我不是故意騙你的。」

「沒關係，我是律師，請你把事情原委一五一十的告訴我。」

崔希重在幾年前處理破產倒閉的公司時，跟幾位投資人的關係惡化，其中有位投資了兩億韓元的房老闆對崔希重提起刑事告訴，崔希重在那之後就開始過著與世隔絕的隱匿生活。

「老實說，其他投資人都知道我對這個事業有多努力，所以也跟我一起對破產這件事感到心痛，唯獨房老闆這個人到最後還是要折磨我。當然，沒有好好經營事業的我是罪人，但他甚至找黑道來我家鬧事，還扣押我妻子的薪水，導致我們以離婚收場，我眞的光想到房老闆這個人就氣得牙癢癢。」

我這才知道崔希重爲什麼要遠離家人，過著與社會隔絕的生活，想到他的人生有多麼艱難，也不禁感到心痛。

總之，過去的事都過去了，現在必須專注於該怎麼解決眼下的事。房老闆向崔希重提告的罪名是詐欺，詐欺罪名若要成立，必須是崔希重說謊欺騙房老闆投資兩億韓元的事實被認可。

當時崔希重向投資人舉辦事業說明會，雖然大多數的事業說明都是如此，但站在希望吸引外人投資的立場，對未來的願景當然偏向樂觀，自然也會告訴投資人這項事業前景光明。然而，就在接受投資後，半導體景氣急速惡化，事業本身也面臨了危機。

認眞說起來，與其說是崔希重欺騙投資人，不如說是他向投資人分享了含有他個人期望的樂觀願景比較正確。實際上也是因爲半導體出乎意料的景氣蕭條，事業營運變得困難才導致破產。基於此，要反駁房老闆主張崔希重是故意犯下詐欺罪的論點綽綽有餘。

「這是完全可以反擊的事，你爲什麼只顧著逃呢？」我問。

「當時的我眞的沒有任何反擊的力氣了，事業化作泡影，跟妻子也走到離婚地步，那時候我只想一死了之，也幾度嘗試自殺，時間就這麼過去了。」

他邊說邊緊閉上眼睛。

「但這樣反而好。這段時間因爲停止審判的關係，我每次外出都要很小心，在路上遇到警察心裡都七上八下的，但現在總算舒坦多了，感覺能贖罪，好好的生活了。」

崔希重的心情眞的就像放下心中一塊大石，但就我的立場來說，可不能就這麼放任他遭到刑事處罰，更何況現在的他才要重新開始新事業。

在一開始獲得投資時，崔希重是否有「詐欺的故意性」，是值得在法律上充分討論的，但最讓我放不下的還是崔希重過了近兩年的逃亡生活這一點，這可能讓搜查官先入爲主地認爲他就是因爲良心過意不去，才選擇這麼做。

事件發生當下就該正面迎擊的……對於他當時選擇逃避問題，我感到非常遺憾。若沒有好好處理人生中每個難關所帶來的課題，那個課題隨時都會再回來。

我知道在處理事件時，參雜個人感情並非好事，但我覺得這個案子就像發生在我親弟弟身上，也讓我更加苦惱及頭痛究竟該怎麼克服這個難關。

我先告訴崔希重我會爲他辯護，讓他安心。本案爭議點在於有沒有欺騙原告房老闆進而引誘對方投資，也因此，我告訴他必須自始至終主張自己在接受投資時，半導體產業景氣很好，所以他也只能相信自己向投資人說明的內容都會實現，絕無一絲謊言。

崔希重在被捕當晚就被移送到警局，我得知崔希重在隔天上午要接受警察的第一次調查，一大早就抵達警局。負責的搜查官是三十五歲上下、擁有一雙銳利眼神的尹采東警官，我遞上名片並鄭重自我介紹：

「我是昨天從江南警局移送來的崔希重的律師。」

「好，就要開始調查了，要一同與會嗎？」

尹警官瞟了一眼我的名片，淡淡地問我，看來是要問我崔希重接受調查時，要不要坐在旁邊。當然，爲了崔希重好，我應該一直待在他身邊，替他主導陳述方向，在搜查官提問時，律師也能從旁提供意見，這對他會比較有利。但從搜查官的立場來看，律師介入可能會讓他覺得麻煩。因爲崔希重事件處理方向的鑰匙掌握在尹警官手中，我不想惹他不開心，便笑著說：「不用非得一同參加，今天我只是來跟您打聲招呼，我會在外面等。」

我說明了之所以會替崔希重辯護的理由；過了兩年逃亡生活的詐欺嫌疑人突然委任大型律師事務所的律師作爲刑案律師這件事，我擔心從搜查官的角度來看，可能產生嫌疑人是否有隱匿資金這種不必要的懷疑，我想避免這種誤會發生。

「我和嫌疑人是在社會上認識，平常是稱兄道弟的關係，直到這次事件才知道有中止審判這件事。因爲他身邊沒有任何人能幫他，畢竟事業破產後就離婚了，所以我才挺身替他免費辯護。」

同時我也向搜查官說明，希望他在搜查過程中一定要仔細調查的部分。

「我只跟您提一件事情，現在原告的提告罪名是詐欺，如您所知，要成立詐欺罪，原告必須被欺騙才行。但據我所知，被告在接受投資時，雖然多少有參雜一些樂觀的願景，鼓勵投資人進行投資，但是並沒有故意欺騙投資人。然而在投資後的一年內，因半導體景氣急速下滑，被告才會面臨公司破產的窘境。當然，收了投資人資金卻把公司經營到倒閉，這點沒有什麼好辯解的，但還是請您針對被告是否有欺騙原告的部分集中調查，謝謝。」

「好的，投資人在決定要不要投資時，有很多人是盲目相信事業鐵定會成功的，也因此當事業失利就會去鬧事，總之，我會更仔細調查。」

至少搜查官給我的感覺是不會完全把崔希重當成壞人看待，這也讓我安心一些。我走到外面的休息室等待。崔希重在被上銬的狀態下，在搜查官面前接受兩個半小時的調查，調查結束後，尹警官叫了我。

「第一次調查大致結束了，但因崔希重逃亡了兩年，檢方這邊是建議申請拘捕令，但就我看來應該是不至於要拘留，只要您能保證他會配合後續相關程序出席，我會朝著不拘留調查的方向跟檢方討論看看。」

「好的，我保證嫌疑人一定會出席，若有必要我也可以簽署書面資料。」

我在尹警官提供的書面資料上簽名後，就帶著崔希重走出警局。

「謝謝大哥。接下來的調查會怎麼進行呢？」

「首先你已經做完第一次調查，下次搜查官就會叫原告來，再來就會讓你們倆對質詰問，再把調查結果整合後移交給檢方。最近的趨勢是檢察官不太會親自下來調查這種小案子，所以搜查官尹警官的結論很重要，在案子從警方轉到檢方時他會寫補充意見，如果覺得有罪，就會是『起訴意見』，如果覺得無罪就會以『不起訴意見』移送。現在我們的上上策就是讓尹警官把這個案子定調為『不起訴意見』進行移送。」

我非常感謝尹警官，不管是他聽取律師意見，或是幫忙讓崔希重不拘留調查的事，所以我很苦惱該怎麼表達我的謝意。律師可以用什麼方法向負責調查的搜查官表達感謝呢？我打給任職於警察廳的朋友，詢問他有什麼方法既能表達謝意又不會造成對方壓力。

「在所屬警察局的官網討論區寫一篇文章，這對日後調查官的業務評分有幫助。」

「是嗎？好，這小事一樁。」

只是因爲案件還在調查中，必須盡量避免寫成「請好好處理我的案子」這種阿諛奉承的內容，但要遵守那條界線表達感激之意還眞不容易。

我進入警局官網，討論區有很多文章，但大部分都是「○○○搜查官調查偏頗」「爲什麼不好好管理紅綠燈」「都報警多久了爲什麼這麼晚才出動」等針對搜查官的調查態度或警察行政的不滿、非難與責怪。

我深呼吸一口氣，開始在討論區寫文章。就我剛剛在警局瞄到的搜查官名單來看，經濟二組裡姓尹的搜查官就只有尹釆東警官一人，那應該不用特別寫出本名，警局內部的所有人都能知道這篇文章是在說經濟二組的尹警官。

兩週後，我接到尹警官來電，是有關要我帶著崔希重前往警局，與原告進行對質詰問的事。在我表達知道了，正準備要掛電話時，尹警官接著說：

「另外還想謝謝你，曺律師。監察組看到我們警局官網討論區的文章後聯絡了我，我下個月會得到模範搜查官的表彰。其實我也沒特別做什麼，但您寫得太好了……」

「我還擔心是不是造成您的麻煩呢，但我是眞的很謝謝您才去寫這篇文章，明天我會帶著崔希重出席的。」

和搜查官有這程度的紐帶關係是件非常好的事，我內心忍不住歡呼，但還有隔天要與原告對質詰問的關卡要過，就算搜查官對我們友好，如果原告直到最後還是希望被告受罰，搜查官也就沒有選擇餘地了。

在前往警局的車上，崔希重因爲睽違兩年要再見到房老闆這件事非常激動，畢竟是因爲房老闆的過分糾纏，才讓他的人生變得一團糟。

我對崔希重這麼說：

「你現在絕對不能跟房老闆對立，如果繼續讓對方對你抱持不好的情緒，這個案子的調查結果對你也肯定會不利。你想想司馬遷《史記》裡韓信的「胯下之辱」，因爲韓信有更重要的事情要做，就算附近的不良分子滋事，他也忍住屈辱從那些人的胯下穿過。若你心懷大志，就必須承擔這些小小的屈辱，你現在不也該重新開始了嗎？就跟以前的惡緣好好道別吧，展現出你對原告的愧疚並向他道歉的模樣，知道嗎？」

我安慰他之後，一走進警察局，就看到尹警官面前坐著一位看起來像是原告，感覺是個性頑固、年約六十幾歲的紳士。我深吸一口氣，這是重要時刻，我先輕輕點頭向尹警官打招呼，接著向房老闆行九十度鞠躬禮，並遞上我的名片，房老闆一臉不情願的表情端詳著名片。

「初次見面，我是崔希重的律師曺祐誠，由我負責辯護這個案子，您是房老闆對吧？這段時間您肯定辛苦了。你還在幹嘛？崔老闆，還不快打聲招呼。」

聽到我的催促，崔希重用含混不清的姿勢向房老闆點頭示意。

「你都跑路了，現在這是什麼鬼樣子？以前那個意氣風發的崔老闆怎麼會變成這樣啊？嘖嘖。」

房老闆看到許久不見的崔希重現在的慘況，似乎受到不小的驚嚇。

我對房老闆說：「是啊，他因爲事業倒閉就離婚了，離婚後自己一個人四處流浪，就變成這副模樣了。」

「什麼？離婚嗎？」

「對，因爲有太多債主折磨，最後就變成這樣了。即便是再怎麼緊密的夫妻關係，要在這種狀況下支撐下去也不容易。」

房老闆像是想起自己過往的所作所爲，露出難爲情的神色。

「房老闆，我明白您這段時間也很辛苦，但崔老闆現在是一無所有的狀態。我很清楚他現在的狀況，您再怎麼榨乾他也榨不出什麼財產的，還請您高抬貴手。」

房老闆不滿地辯稱：

「我這段時間也很辛苦好嗎？如果能聯絡到人，我也不至於做到這種地步，但從某個瞬間起就再也連絡不上他，也不要這麼看不起人吧？」

「他在被離婚之後曾經尋死過幾次，是因爲對您感到愧疚才沒臉聯絡您，總之，眞的非常抱歉。」

我再次向他示意，後來進行約莫一個半小時的對質詰問，結束後，尹警官叫了我：

「看起來應能好好解決了，原告應該會撤告。」

「什麼？撤告嗎？他看起來很不好惹耶！」

「我有向他說明這個案子本身要認定爲詐欺罪有難度，雖然嫌疑人爲了獲得投資，說明內容確實有比較樂觀的成分在，但光靠這個並不能認定他就是詐欺。同時也向他提到即便不撤告，我也會提供不起訴意見給檢方，過程中盡可能說服雙方進行和解了，意外的是原告聽完我的說明也乖乖照辦了，可能也是考量到嫌疑人的狀況應該是眞的沒錢，才會做出撤告的選擇。」

原本已拉得非常緊繃的繩子，一下就鬆掉了。隔週，議政府地方檢察廳針對崔希重詐欺案做出不起訴處分，那個壓制著崔希重的刑罰危機也消失了。雖然辯護期間僅僅三週，卻也是我盡最大努力去處理的案子。

律師接到負責辯護的案子後，必須經過法律審查，以法理爲基礎，爲嫌疑人在與搜查機關的對立關係中展開爭論，以揭露搜查機關的漏洞。刑事訴訟法教科書中都把律師與搜查機關的關係形容爲緊張的對立關係，但實際在進行刑事辯護時，我也感受到光靠這種方式去處理案子並不足夠。

在刑事案件中登場的重要角色，包含搜查官、對方原告及嫌疑人都是「人」，**人向人提起告訴，人對人進行調查，這所有關係的重點，終究都在人身上**。人雖然是理性的存在，但有時候也是非常感性的存在，不，有時甚至還會因爲被感情束縛，而做出錯誤的判斷。

刑案相關人的情感衝突之劇烈，是民事案件難以比擬的，主張自己受害的原告，以及想盡辦法要洗清罪名的被告，還有必須在此鬥智的搜查官都是如此。在這種感情的強烈對立中，若能同理並尊重對方，反而更容易讓對方改變心意。

經驗不足的律師常常無法做出這種判斷，因爲他們只專注於事件內容，但在累積一定程度的經驗之後，就會更加關心與事件相關的人們，因爲答案就在這之中。因此，需要**全面考量人的心理，奧妙的角力關係與細微的語感差異，達到綜合藝術的境界，才可能完成眞正的刑事案件辯護**。

向亞里斯多德學習說服技巧

成功說服人的三要素：首先要獲取對方好感（人格），接著建立彼此的情緒連結（情感），再針對行動的必要性說清楚（邏輯）。

「律師，我眞的很難爲，如果許可延遲了，一天將損失一千萬。老闆叫我立刻處理好，但陳情人看起來完全沒有要和解的意思。請在這週內立刻採取法律行動，把問題解決吧。」N建設的咸部長重重地嘆了一口氣。

事情是這樣的，N建設爲了進行首爾○○洞的公寓大樓施工，正在申請許可，但住在當地的金某以這會侵害他在自有公寓眺望漢江的眺望權爲由，不斷向轄區區廳提請陳情。因此，區廳通知N建設若無法解決陳情問題，就無法通過許可申請。

對N建設來說，只要工期延遲，銀行貸款利息就會隨之增加，負擔會日趨沉重。咸部長希望我能對金某提出「禁止妨害工程假處分」，並提起「妨礙業務罪」的刑事告訴。

我在進行法律措施前先確認了幾件事，在諸多公寓住戶中，唯獨金某一人強力反對這點非常奇怪，所以我也問了金某的個人資料，以及事前有沒有N建設的人接觸過他。

金某是一名年近七十的頑固男子，一開始N建設的代理拜訪他時是這麼說明的：「法律不太認可眺望權這種東西，你一直陳情只會讓雙方都很辛苦，還可能被我們公司反告，所以請收下賠償金，不要再妨礙工程進行了。」聽了這話的金某破口大罵：「就算要告到大法院去也沒關係，試試看啊！」表現出堅決反抗的態度，這不管怎麼看，都覺得是N建設負責人用了錯誤的方法才引發金某的不滿。

就我的立場來說，律師只要收下委託人的錢，照著委託人期望提起民刑事的法律程序即可，但這個方法可能無法解決問題本身，除了訴訟，應該還有更好的解決方案，我苦惱一陣子之後，建議咸部長採取更積極的協商。

我提出的方法是，先在N建設負責人中，找一位年輕、非代理級、四十歲以上的中階幹部擔任主要協商人，並盡可能採用尊重金某自尊心的方式協商。此外，身爲協商人的中階幹部還要向金某提到，公司內部也分爲應採法律行動的強硬派和圓滿協商的穩健派，而他自己是屬於穩健派的一方。同時，我也囑咐要準備對N建設沒有壓力的引導策略。

經過N建設的內部會議後，指派以人和聞名的營業承攬組朴部長擔任協商代表。朴部長買了一箱紅蔘液拜訪金家，雖然金某不太情願地迎接朴部長，但至少沒將他拒於門外，朴部長請金某坐下後，便準備向他行大禮。

金某搖搖手要他免禮，但朴部長仍說了：「我是在鄉下長大的，從以前就被教導到長輩家都要行大禮。」並乖巧的行了大禮。

朴部長環伺金家內部後說：「您把家裡裝潢得很漂亮耶，哇，漢江景觀也好好喔。換作是我，這麼美的風景被擋住了肯定也會難過的。話說您是怎麼買下這間房子的呢？」

被朴部長柔和態度動搖的金某遞杯茶給他，說到自己十幾年前喪妻後，獨自扶養兩個兒子，好不容易才存到錢買下這間房子，這正是金某對這房子特別鍾愛的主要原因之一。

朴部長自然的把話題轉向金某的兩個兒子；金某一邊驕傲地說著在大企業上班的大兒子，一邊也爲退伍至今還找不到工作的小兒子感到憂心……朴部長專注的聆聽金某的話。

金某抱怨N建設怎麼能這麼隨興蓋大樓，朴部長也在對話過程中得知，眞正讓金某生氣的原因是N建設年輕代理一來就用高壓姿態搬出法條跟判例，無禮的說：「我們會照法律走，你再怎麼撐也沒用。」這讓金某感到受辱。對此朴部長也點點頭表示同理金某，並正式向他道歉：「關於這部分，眞的是我們對您大大的冒犯了。」

朴部長發現客廳裡有高爾夫球的練習裝備，就問金某是否喜歡打高爾夫。金某的唯一樂趣就是和朋友們一個月聚會一次，在公共高爾夫球場打球。

充分了解金某的故事後，朴部長也開始分享自己的故事。此次工程是N建設內部也投入了鉅額資金的事業，因爲眞的無法再延期了才來拜訪，但實際一來才了解到對方有多麼愛惜這個家，並萌生要盡可能圓滿解決這個問題的想法。

就現實層面來看，享受美麗景觀的眺望權不像在一定時間內可照射幾小時陽光的日照權，在現行法或判例中是不太會被認可的。朴部長盡可能禮貌的搭配實例說明這部分，沒想到金某的回答令人大感意外。

「我也有查過，確實就像你說的，法律怎麼這樣啊，眞是的……」

朴部長在金某也某種程度認同自身主張不容易被接受後，利用機會提出兩個方案，包含想提供還在求職中的小兒子工作機會，讓他在N建設子公司擔任實習生，以及N建設協助每個月預約一次會員制高爾夫球場，讓金某跟朋友們一起去運動。

其中，讓金某最驚訝的還是提供小兒子去N建設實習機會的提議，畢竟是金某喪妻後獨力扶養的兒子，對他們的感情更深。金某對於協助預約高爾夫球場的提案表示感激，但僅心領這份好意，針對兒子的提案則說：「如果不麻煩的話，就麻煩你了。」看來朴部長的好意已充分傳達了。

朴部長和咸部長一起來我的辦公室說明和金某見面的經過，我聽著故事覺得朴部長眞的是很厲害的人，可以感受到他滿懷對長輩的尊敬之意，也看得出他是眞心想盡可能理解金某的情緒，並提供幫助。

「你覺得事情會怎麼發展呢？」

身爲法務負責人的咸律師焦慮詢問未來動向。

「朴部長處理得很好，應該會有好消息吧？」

我的答案參雜了點希望。

在朴部長拜訪金某隔天，金某就到轄區的區廳表示要撤回他提請的陳情。朴部長也依約聘用金某的兒子爲N建設子公司實習生，並親自擔任指導，幫助他好好的適應公司生活。此外也常會邀請金某一起打高爾夫球，保持良好關係。

假設N建設眞的向金某提出禁止妨礙工程假處分申請或妨礙業務罪的刑事告訴，金某肯定會用盡一切法律能用的方式應對，這場因爲陳情而引發的紛爭至少要耗費六個月以上。但爲了不讓金某傷心，朴部長在深思熟慮下做出的努力也讓N建設省下近二十億韓元。

對我而言也不虧損；如果眞的依照委託人的意思提起民刑事訴訟，或許能多拿一點律師酬金，但引導採取協商方式圓滿解決問題，也讓 N 建設留下好印象，而且公司對我的信賴度也有提升。

朴部長那年的年底也在定期人事異動時晉升爲理事。我後來聽說是因爲圓滿解決施工陳情案一事，在升遷協議時成爲評鑑關鍵，深覺實至名歸，並眞心爲他感到開心。

古希臘哲學家亞里斯多德在他的著作《修辭學》中提到，要成功說服他人需要具備三大要素：邏輯（Logos）、情感（Pathos）與人格（Ethos）。邏輯是指說話者條理清晰的說話方式，情感是指聆聽者的心理狀態，人格則是指說話者的人品、信譽。亞里斯多德表示在上述三種說服手段中，最強烈的是「人格」，並提到一個成功的說服會經過以下循環：

首先，獲取對方好感，當得到良好評價後（人格），再訴諸對方的情感，接著針對改變行動的必要性提供井然有序的根據（邏輯）。

一開始去拜訪金某的 N 建設代理完全把辯證邏輯放在最前面，用「法律不會認可所謂的眺望權。收下一定程度的賠償金，撤回陳情，對你比較有利。」這種邏輯堅定的處理方式。接著金某就關上心門，採取「那就試試看！」的強硬態度，可說是已經傷心到無法做出更理性的判斷。

但第二位去拜訪的朴部長先是用謙恭有禮的姿態獲取對方好感（人格），特別協助對方最在意、也最頭痛的小兒子就業問題（情感），並且條理分明地釐清眺望權在法庭上難以被認可的事實（邏輯），才能說服頑固的金某。

就像美國知名教育學者兼哲學家約翰·杜威所說的那樣，每個人都渴望被人尊重，因此，要用邏輯來說服生氣的人並不是件容易的事，這時候反而要努力與對方建構情感紐帶。**只顧著搬出法律邏輯並非萬能，好好的掌握對方內心欲望，才能根本解決問題。**

每個人都有適合自己的天職

「這不是檢察官寫的審問調查書，比較像是律師寫的辯論要旨。下面這些部分完全不需要，可以全部刪除。」

我在一九九一年通過第三十三屆司法考試，經歷了兩年的司法研修生活。一九九二年在司法研修院接受了各式各樣的實務訓練，一九九三年在法院、檢察廳、律師事務所各經歷了一段實習時光。

當時的我抱持著研修課程結束後，一定要當上檢察官的信念。我的祖父和父親皆爲公務員出身，於是我也耳濡目染的對公職很嚮往，尤其他們兩老總是口頭禪似的對我說：「祐誠一定會成爲檢察官。」於是乎我也對檢察官總是維護社會正義、對抗不公不義的模樣充滿敬意。

一九九三年一月到四月，我在首爾南部地方法院擔任實習法官。實習結束後的五月到八月底，就在釜山地方法院檢察廳開啓了實習檢察官的生涯。報到的第一天，我對於能夠預先體驗今後在檢察機關工作的生活感到非常激動。

在偵訊室裡，我的工作就是面對嫌疑人，再次確認他們對警方作出陳述的過程，並補齊遺漏的部分，完成調查紀錄。簡單來說，就是撰寫一份內容爲「這個人的確犯了這種罪，請給予處罰」的請願書。

由於擔任實習檢查官時缺乏經驗，比起複雜的事件，我主要被分配到嫌疑人已經向警方坦白犯罪事實，或是傷害程度較低的事件，所以在調查過程中沒有太大的困難。

我第一次被分配到的案件是俗稱「阿里郎扒竊（竊盜罪）」事件。阿里郎扒竊是指趁著他人喝醉酒、精神恍惚時進行偷竊的行爲；若是在對方酒醉清醒後才進行不法舉動，這種狀況者就是構成「扒竊（搶劫罪）」，一併提供給各位參考。

犯罪內容主要是：「大學生金○○在一九九三年四月○○日二十三點三十分左

右，在釜山北區萬德洞○○○周邊，從因喝醉而倒臥在大街上的受害者崔○○的西裝外套口袋內翻出錢包，並拿走現金五萬元。」

金某在犯罪後，被附近巡邏的犯罪防治人員撞見，作爲現行犯逮捕，他已經向警方坦白了所有罪行，正在不拘留狀態下接受調查。我聽完了金某犯下竊盜罪的全部細節後，向他詢問犯罪的原因。

金某的母親被診斷出乳腺癌第二期，手術、抗癌治療、預後都需要很多錢來支應。由於父親早逝，家中只剩下年幼的弟弟，能賺錢的人就剩他一個，他白天上課、晚上就在附近的工廠打工。當天打工結束後，在回家的路上發現了醉倒的受害者，在幫受害者翻身時，發現對方的西裝口袋鼓鼓的，才瞬間起了不好的念頭。

聽完他的解釋，我心裡很不好受。在整理完犯罪事實的陳述後，我將金某的難處詳細記錄在嫌疑人審問調查書上。另外，還查出金某在所就讀的大學是獎學金的受贈人，並且在學校還留下獲得奉獻獎的紀錄……我將這些資料一同放進調查審問書裡。

我把寫好的調查審問書交給指導檢察官過目後，檢察官表情有些尷尬地說：

「實習生，這不是檢察官寫的審問調查書，比較像是律師寫的辯論要旨。下面這些部分完全不需要，可以全部刪除。」

其實檢察官的話很正確，法官、檢察官和律師作為形成刑事司法系統的要素，必須各司其職。檢察官要對犯罪事實提出具體的主張和證明，律師應該最大限度的提出應該爲犯罪者酌情考慮的理由，法官則要綜合檢察官跟律師的主張做出判斷。我卻站在檢察官的位置上，提出了律師視角的主張，我因此感到羞愧，只能搔搔頭，露出了呆滯的表情。

之後我被分派處理了一起違反《暴力行爲等處罰相關法律》的案件。主要的犯罪內容爲：「上班族朴〇〇在一九九三年四月〇〇日二十一點四十五分左右，在位於釜山中區南浦洞〇〇號的小吃攤內，與坐在隔壁桌的受害者吉〇〇（十七歲，高中生）發生口角，因憤怒而用拳頭攻擊了受害者，造成對方顏面挫傷等，需要治療三週才能痊癒的傷害。」

好端端的一位上班族，爲何要毆打高中生？儘管心裡認爲很不像話，但臉上並不表露聲色地向朴某詳細詢問了攻擊受害者的理由——

那天，朴某和朋友一起去了路邊的小吃攤，撞見隔壁桌非常吵鬧、正在抽菸的吉姓同學。軍官出生的朴某非常看不慣高中生喝酒抽菸的樣子。

於是他柔性勸阻：「嗨，同學們，小聲一點吧？」但吉某卻頂嘴：「眞是……他媽的，大叔你管好自己的事就好了！」生氣的朴某猛然起身，大聲喝斥：「喂！你剛才說什麼？你還是學生吧？」吉某再反抗：「你管我是不是學生？難道你有買過任何一支鉛筆給我嗎？」兩人互相推擠扭打，朴某的拳頭狠狠地落在吉某臉頰上。

我在撰寫嫌疑人審問調查書時，簡單敘述完犯罪事實後，也用具有說服力的口吻，將朴某當時為何只能做出那種應對的理由一同寫下。檢察官再次一邊咂嘴，一邊看著一臉忿忿不平、等待嫌疑人審問調查書審核結果的我說：

「哈哈，曺實習檢察官的看法是不要處罰嫌疑人嗎？如果檢察官都採取這種溫情的態度，到底誰還會遵守法律秩序？下面這部分是完全不屬於嫌疑人審問調查書的內容，所以要全數刪除。」

就這樣，我的實習檢察官生活從一開始就不太順利。反覆有過幾次這樣的經驗後，我越來越無法擺脫檢察官這個職業其實和我性向不合的想法。

在我同期的實習生中，也有許多無論嫌疑人如何解釋，都能以「那些都是你的私事，犯罪就是不爭的事實，請把這些故事說給律師聽」作爲回應，輕鬆表達堅決立場的同學，不過對我來說，要將嫌疑人的犯行和對方逼不得已的狀況分開思考是件非常困難的事情。

最後，我在四個月的檢察官實習生涯結束時，得到了我並不適合做檢察官的結論。如果以這種個性從事檢察官的工作，我會很辛苦、對於整個體系也無益處，於是我選擇走上律師這條路，在之前度過實習時光的法律事務所開始了律師生涯。

我爺爺將我的名字取爲「祐庇的祐」和「誠信的誠」，他說希望自己的孫子可以一輩子都以幫助別人的心態生活。不知道是不是受到名字影響，我回顧身爲律師所度過的歲月時，最讓我感到欣慰的部分就是能給予陷入困境的人們幫助。

在選擇職業時，雖然需要考慮的因素有很多，但也很難忽視父母親的期待和周遭人們的看法。我從想要成爲檢察官轉變成律師的過程中，也在說服父母方面遇到了很多困難。要是我沒有參與檢察官實習的經驗，也許就不會苦惱，而是順著父母親的期待成爲檢察官，但那樣的話，我可能會不斷地承受心理痛苦。

「必須選擇適合自己的職業」這句話已是普世價值，但是對我來說卻有著更爲深刻的意義，畢竟我是因爲透過實習經驗才了解到自己的個性、進而改變自己人生的主要道路。

每個人都有適合自己的事情，要是過著與這背道而馳的生活，身心靈都會感到疲憊。能夠穿上最適合自己的命運之服，才是最重要的人生哲理。

人生儘管有著千萬悲傷，

只要感受到一次的快樂和喜悅，

我們就能再次邁開步伐向前！

Eurasian Publishing Group
圓神出版事業機構
用心與你對話・視野無限寬廣
如何出版社
Solutions Publishing

www.booklife.com.tw reader@mail.eurasian.com.tw

Happy Learning 209

非常律師的非常選擇

作　　者／曺祐誠
譯　　者／樓艾苓
發 行 人／簡志忠
出 版 者／如何出版社有限公司
地　　址／臺北市南京東路四段50號6樓之1
電　　話／（02）2579-6600・2579-8800・2570-3939
傳　　真／（02）2579-0338・2577-3220・2570-3636
副 社 長／陳秋月
副總編輯／賴良珠
責任編輯／張雅慧
校　　對／張雅慧・柳怡如
美術編輯／李家宜
行銷企畫／陳禹伶・鄭曉薇
印務統籌／劉鳳剛・高榮祥
監　　印／高榮祥
排　　版／陳采淇
經 銷 商／叩應股份有限公司
郵撥帳號／18707239
法律顧問／圓神出版事業機構法律顧問　蕭雄淋律師
印　　刷／祥峯印刷廠
2023年7月　初版

定價 340 元　　ISBN 978-986-136-664-7　

人生儘管有著千萬悲傷，
只要感受到一次的快樂和喜悅，
我們就能再次邁開步伐向前！
在生命最戲劇化的瞬間，
能夠拯救你的人生智慧，就在本書中！

——《一場快樂勝過千萬悲傷》

國家圖書館出版品預行編目資料

非常律師的非常選擇／曺祐誠 著；樓艾苓 譯.
-- 初版. -- 臺北市：如何出版社有限公司，2023.07
面；　公分. --（Happy Learning；209）
譯自：한 개의 기쁨이 천 개의 슬픔을 이긴다 2
ISBN 978-986-136-664-7（平裝）
1.CST: 法律 2.CST: 通俗作品

580　　112007399